지혜로운 삶을 위한
올바른 신행생활 50

남전 스님의 불교 신행 상담

민족사

남전 스님의 불교 신행 상담

지혜로운 삶을 위한
올바른 신행생활 50

민족사

이 책을 읽는 분들에게

2005년이 저물어가는 어느 날, 신문사로부터 원고 청탁을 받았습니다. 신행信行에 관한 물음에 답변을 부탁하는 내용이었는데 '무식하면 용감하다'는 말처럼 해보겠다고 나섰습니다. 나름대로는 여러 해 동안 도심에서 포교하면서 하고 싶은 말이 많았다고 생각했거든요. 그렇게 써 내려 간 글이 2년여 동안 이어지고 있습니다.

여기 실린 글들은 그 중 2006년에 연재한 글들을 모았습니다. 생각해 보면 부족함이 많은 글들입니다. 이 글들을 모아 책을 내도 되는 것인지 지금도 모르겠습니다.

불교의 가장 큰 특징은 깨달음에 있습니다. 깨달음은 스스로 아는 것입니다. 옳고 그른 시비是非를 주장하는 것이 아니라 그 냥 확실하게 알아 버리는 것입니다. 불교의 가르침은 남녀노소 누구나 들으면 고개가 끄덕여지는 가르침입니다. 부처님 가르침을 이해하면 우리 마음속에 있던 번뇌가 사라집니다. 번뇌가 사라지면 불안하지 않습니다. 불안에서 벗어나는 순간 우리는 행복해질 수 있습니다.

안타까운 점은 오늘날 불교를 믿는 많은 분들이 부처님 가르침으로 행복해지기보다는 복을 얻는 기쁨에 관심이 더 많다는 것입니다. 부처님을 위대하다고 하면서 좋아하지는 않습니다. 좋아하게 되면 따라하게 되고, 따라하면 내 마음도 부처님의 마음으로 한 발짝 다가서게 되겠지요. 부처님처럼 마음을 쓰고, 부처님처럼 말을 하고, 부처님처럼 행동하는 불자가 됩시다. 우리 인생을 행복하게 하는 비결이 거기에 있습니다.

저는 부처님의 가르침은 시대와 지역을 떠나서 어느 누구든 행복한 삶을 살아가도록 인도하는 것이라 믿고 있습니다. 부처님께서는 만나는 사람마다 대기설법對機說法을 펼치셨다고 합니다. 사람들은 알고 싶은 것을 묻고, 부처님은 다양한 방법을 통해서 대답하고 지도하셨습니다. 묻고 답하는 가운데는 우리 삶의 문제를 해결하는 방법이나 진리의 세계를 들여다보는 방법이 있을 수 있습니다. 그래서 제대로 묻고 답하는 법도 배울 필요가 있다고 생각했지요. 자신에게도 묻고, 이웃에게도 묻고, 진리에도 물어야 합니다. 여기 있는 질문과 대답이 그런 작업이 되었으면 좋겠고, 또한 여러분들의 신행에도 보탬이 되었으면 좋겠습니다.

아울러 여러 가지로 모자란 내용을 가지고 좋은 책으로 만들어 주신 민족사 가족 여러분께 지면을 빌어 진심으로 감사한 마음을 전합니다.

이 책을 읽는 분들에게 _ 5

1. 초보 불자들은 어떻게 해야 올바른 불자가 될 수 있나요? · 15
2. 화가 자주 납니다. 어떻게 하면 화를 다스릴 수 있을까요? · 19
3. 절은 많이 할수록 좋다고 하는데 정말 그런가요? · 24
4. 우리 같은 보통사람도 깨달음을 얻을 수 있는지요? · 29
5. 가족 간에 종교 갈등이 있어요. 어떻게 대처해야 할까요? · 33
6. 절에는 자주 가는데 신심이 나지 않아요. 어떻게 해야 할까요? · 37
7. 윤달에는 꼭 생전예수재를 지내야 합니까? · 42
8. 기도는 어떤 방법으로 해야 하나요? · 47
9. '마음 비우라'는 말씀과 '원력을 세우라'는 말씀은 모순이 아닌지요? · 51

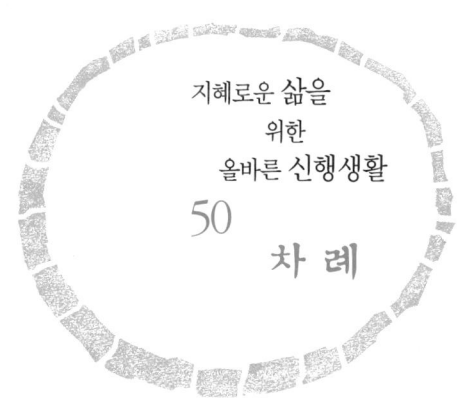

지혜로운 삶을
위한
올바른 신행생활
50
차 례

10. 가짜 스님과 가짜 거지, 어떻게 봐야 하나요? 55

11. 초보 불자인데 좋은 절을 선택하는 기준이 있는지요? 60

12. 입춘 때 사찰에서는 부적을 나누어 주기도 합니다. 잘못된 것은 아닌지요? 65

13. 무당 무속 등 토속신앙과 불교는 어떤 관계인지요? 70

14. 아이들에게 불교를 믿게 하자면 어떤 방법이 있습니까? 76

15. 가족이 함께 할 수 있는 수행방법은 어떤 것이 있습니까? 81

16. 타 종교인과 종교문제로 다투거나 갈등이 생길 때 그들을 어떻게 대해야 하는지요? 85

17. 생활 속에서 수행하는 것이 쉽지 않습니다. 좋은 방법은 없는지요? 90

18. 기도를 할 때는 어떤 마음으로 해야 하나요? • 96
19. 성형수술을 생각해볼 때가 있는데 불자로서 어떻게 해야 하는지요? • 101
20. 사주나 운세를 봐도 되는지요? • 106
21. 아이들을 위한 '입시기도' 어떻게 해야 하나요? • 110
22. 천도재에 대해 잘 몰라서 지내기가 망설여집니다. 자세히 알려 주세요. • 114
23. 불교에도 여러 종파가 있다고 합니다. 그 이유가 무엇인지요? • 118
24. 법회 일자와 내용은 사찰마다 정해져 있는 것인지요? • 122
25. 불교에서 108이라는 숫자에는 어떤 의미가 있나요? • 126
26. 불자라면 누구나 수계법회에 참석하고 법명을 받아야 하는

지요? 130

27. 오계를 받은 불자입니다. 계율을 다 지켜야 하는지요? 134

28. 무분별한 물고기 방생은 문제가 없는지요? 139

29. 불교식 장례절차와 그리고 시달림이란 무엇인지요? 144

30. 열반은 죽음인가요? 148

31. 경전 제목만 외워도 공덕이 되나요? 독경의 올바른 방법을 알려 주세요. 154

32. 하루 한 끼 발우공양은 원래 정해진 것인지요? 160

33. 안거에 대해 알고 싶어요. 일반 불자로서 안거 기도에 동참하려면 어떻게 해야 하나요? 165

34. 경제개발과 환경보존에 대하여 불자는 어떤 태도를 취해야 합니까? 169

35. 요즘은 경제가 대단히 중요합니다. 불교의 경제관에 대해 말씀해 주세요. 173

36. 경전 공부를 체계적으로 하고 싶습니다. 어떻게 해야 하나요? 178

37. 경전을 공부하는 것보다는 참선을 하는 것이 낫다고 하는데 맞는지요? 182

38. 화두는 무엇이며, 화두를 들려면 어떻게 해야 하는지요? 187

39. 출가의 의미를 일상에서 적용하려면 어떻게 해야 합니까? 191

40. 철야정진은 시간 낭비가 아닌지요? 196

41. 만행도 수행의 일종이라고 하는데 맞는지요? 201

지혜로운 삶을 위한 올바른 신행생활 50 _ 차 례

42. 스님들도 정치에 참여하나요? 206
43. 스님들의 육식은 계율에 어긋나는 것인지요? 210
44. 스님들의 가사는 어떻게 만듭니까? 214
45. 불교계는 대사회 활동이 부족한 것은 아닌지요? 218
46. 전쟁이나 지역분쟁에 대하여 부처님께서는 어떻게 말씀하셨는지요? 222
47. 불교 교세가 점점 약화되고 있습니다. 그 이유는 무엇인지요? 226
48. 소승불교와 대승불교는 무엇이 다른지요? 232
49. 다른 불교국가에서는 불화를 보기 어려운데요? 238
50. 불자로서 한 해를 어떻게 시작해야 할까요? 242

1. 초보 불자들은 어떻게 해야 올바른 불자가 될 수 있나요

"절에 다니기 시작한 지 얼마 되지 않은 초심자입니다. 평소 법회에 참석해 보면 불자들이 생각보다 적은 것 같아 아쉽습니다. 열심히 다니면서 올바른 불자가 될 수 있도록 조언을 부탁드립니다."

우리 불교가 내세우는 '자랑스런(?)' 두 개의 지표가 있습니다. '1600여 년의 역사'와 '2천만 신도'입니다. 역사는 객관적 사실에 근거한 것이므로 일단 접어두고, 2천만 신도에 대해서는 보다 냉정하게 생각해 보아야 합니다.

불교 신도를 보통 불자佛子라고 합니다. 놈 자者를 쓰지 않고 아들 자子를 쓴 것은 《법화경》의 가르침처럼 '종불구생從佛求生'이기 때문입니다. 중생이 부처님을 따라 존재한다는 뜻이지요. 지적하신 대로 지금까지 우리는 불교적 성향을 가진 사람이면 모두 불자라고 했습니다. 1년에 한 번도 절에 나오지 않아도, 부처님 오신날에 등 한 번만 달아도, 부모님이나 가족이 절에 다닌다는 이유만으로도, 거기에다가 막연히 불교에 우호적인 사람들까지도 모두 불자라고 지칭했지요. 불자의 기준이 애매모호하고 너그러웠던 것이 사실입니다.

부처님 오신날이나 큰 행사에 참석하는 많은 불자들이 평상시 기도와 법회의 불자로 이어지지 못하는 것은 왜일까요? 모두가 생각해 보아야 할 대목입니다.

불자의 기준 같은 것이 정해져 있는 것은 아니지만, 제가 지난 몇 년 동안 도심에 있는 절에서 포교하고 수행하면서 느꼈던 점을 기초로 해서 몇 가지를 제시해 보고자 합니다.

첫째는 반드시 삼귀의三歸依와 오계五戒를 수지해야 합니다. 불자가 불교에 귀의했으면 신도로서 지켜야 할 점들을 생활 속에서 실천하는 것은 당연합니다. 일정 기간 동안 교육을 통해 수계한다면 더욱 좋겠습니다. 요즘 개별 사찰에서 많이 시행하고 있는 '신도기본교육' 같은 것에 동참하는 것은 바람직한 일입니다.

둘째는 정기적으로 기도와 법회에 참여해야 합니다. 기도와 법회는 자신이 생활하면서 지은 잘못을 참회하고 바른 신행의 실천을 이끌어주는 데 필요합니다. 불교는 맹목적인 믿음을 강조하는 종교가 아니라 스스로의 깨달음을 중시하는 종교입니다. 때문에 부처님 가르침을 배우고 익히는 노력을 게을리 해서는 좋은 불자라 할 수 없겠습니다.

셋째는 수입 가운데 일정 금액을 사찰이나 어려운 이웃들을 위해 보시하는 생활습관을 가져야 합니다. 특히 사찰은 신도들의 희사금喜捨金으로 운영되고 유지되는 곳입니다. 그것을 바탕으로 더 많은 사람들에게 부처님 가르침을 전해주기도 합니다. 그것은 결국 사찰의 활발한 활동으로 이어지고, 보다 많은 이웃들에게 삶의 희망과 새로운 목표를 제시해 줍니다. 우리들의 작은 보시가 큰 의미를 갖는다는 점에서 의의가 크다고 하겠습니다.

넷째는 스스로 배우고 익히는 노력을 하는 것입니다. 그저 좋은 말씀을 듣는 것으로만 안주하지 말고 배우고 익힘으로써 자신에게 정말 필요한 부처님 가르침이 되도록 스스로 노력하셔야 됩니다.

마지막으로 부처님 가르침을 이웃에게 베푸는 생활입니다. 부처님께서 제자들에게 당부하셨던 전법교화傳法敎化가 바로 그것입니다. 부처님의 진리가 이웃들에게 전해져 불국토佛國土를 이루게 하는 것은 불자의 의무이기도 합니다.

이상의 5가지 조건은 상당히 객관적이므로 참고해 볼 만합니다. 여기에 무조건 맞추는 것은 아니지만 한 가지라도 맞추기 위해 노력한다면 좋을 것입니다. 또한 이러한 기준이 불자들의 신행지침이 되도록 누구나 공감할 수 있었으면 좋겠습니다.

2. 화가 자주 납니다. 어떻게 하면 화를 다스릴 수 있을까요

"일상생활 속에서 자주 화를 내게 됩니다. '안 그래야지' 하면서도 조절이 잘 되지 않습니다. 절에 다니기 시작하면서 많이 고치려고 노력하고 있는데 좋은 방법이 있으면 알려주십시오."

주변에서 보면 나름대로 마음을 내서 좋은 일을 해 놓고는 자기 성질을 이기지 못해 어쩔 줄 모르는 사람들이 있습니다. 기껏 잘해 나가다 그만 버럭 화를 내는 바람에 산통을 깨는 것이지요. 누구나 한 번쯤은 경험했을 것입니다.

질문하신 불자님 같은 경우도 많은데, 이런 경우도 있습니다. 절에서는 아이들을 위해 열심히 기도합니다. 기도를 마치고 집에 돌아갔는데 아이들이 컴퓨터나 T.V를 보느라

정신이 없습니다. 그러면 순간적으로 화가 솟구칩니다. 기도하면서 아이들을 위해 냈던 마음은 어디론가 사라지고 자신도 모르게 아이들을 원망하고 화를 내게 됩니다.

화를 내는 것이 옳지 않다는 것은 누구나 아는 일이지만 그게 말처럼 쉽지 않습니다. 어떻게 하면 화를 덜 낼 수 있을까요? 또 불교적으로는 어떤 수행이 도움이 될까요?

사실 화를 내는 것은 사람마다 그 경우가 많이 다르기 때문에 구체적인 답을 드리기가 어렵습니다. 다만 불교적인 입장에서 객관화시켜 몇 가지 방법을 얘기해 보겠습니다.

먼저 뉘우치는 일이 가장 중요합니다. 이것은 자기의 생각이나 행위가 옳지 않았음을 인정하는 일이기 때문에 어렵겠지만 중요합니다.

《출요경出曜經》에서도 "길 잃은 사람이 서둘러 길을 바꿔야 하듯이 분노를 일으킨 사람은 뉘우치는 것이 가장 중요하다. 속으로 부끄럽게 여겨 스스로 후회하고, 분노에 사로잡혔던 일을 부끄럽게 여겨야 한다"라고 말씀하고 있습니다. 뉘우치면 참회하게 됩니다. 그러면 다음에는 같은 화를 내지 않게 하는 계기가 되기 때문에 뉘우치는 일은 언제나 필요합니다.

두 번째는 화를 한 순간만 늦추는 방법입니다. 화가 나거든 곧바로 숨을 한번 크게 들이마시고 입으로는 '관세음보살'이나 '나무아미타불' 같은 염불念佛을 해보세요. 이것은 지금 일으키고 있는 잘못된 생각을 잠깐이라도 늦춰보는 것인데 아주 좋은 효과를 볼 수 있습니다.

누구나 조금만 생각해 보면 알 수 있는 일이 있습니다. 그것은 지금 당하고 있는 일이 비록 화가 나는 일이라 해도 거기에는 어쩌면 좋은 교훈거리가 숨어 있을지도 모른다는 것입니다. 나쁜 일을 당하고 바로 화를 낸다고 해도 그 나쁜 것이 개선되지는 않거든요. 그럴 때는 오히려 잠시라도 기도하는 마음으로 염불을 하는 것이 화를 덜 내는 방법일 수 있습니다.

세 번째는 보다 근본적인 관점입니다. 화를 내지 않는 공부와 수행을 하는 것인데 그것은 자기 자신을 다스리는 지혜를 얻는 공부가 되어야 합니다. 그리고 나를 대하는 대상인 상대가 서로 다르다는 것을 이해해주고 인정해 주는 공부도 해야 합니다. 경전 공부나 참선 수행 같은 좋은 방법이 있습니다. 처음엔 잘 안 되겠지만 될 때까지 쉼 없이 닦아야 합니다. 그게 수행이고 공부니까요.

화를 내는 것은 누구나 할 수 있는 쉬운 일입니다. 그러나 화를 없애는 것은 아무나 할 수 있는 일이 아닙니다.

불교에서는 탐·진·치라고 해서 우리가 가지고 있는 근본적인 번뇌의 원인으로 세 가지를 들고 있습니다. 삼독심이라고도 하는 욕심과 성냄과 어리석음은 모든 집착의 뿌리이며, 이 세 가지 근본 번뇌를 제거하는 일이 수행의 핵심입니다.

이 가운데서 성내는 것은 우리 생활에 늘 끼어드는 장애물입니다. 간단하게 반성하는 것만으로는 부족합니다. 마음에 자비심이 충만하도록 순간순간 돌아보고, 연습하고 기도 정진합시다.

화낼 마음이 없는데 어찌 화가 나겠는가?
바른 생활로 화냄을 항복 받고
바른 지혜로써 마음이 걸림없이 자유로우니
지혜로운 이에겐 성냄이 없다.
증오를 증오로 갚는 사람 그는 악한 사람이다.

별역잡아함경

우리는 어디서 왔다가 어디로 가는가

3. 절은 많이 할수록 좋다고 하는데 정말 그런가요

"절은 많이 해야 좋은 것인가요? 스님들께서는 모두 열심히 절을 하라고 말씀하십니다. 힘들고 몸이 불편하면 못할 때도 있고, 3천배 같은 것은 엄두가 나지 않습니다. 절을 많이 하는 것이 무슨 의미가 있나요?"

'절'에 대해서 생각해 보겠습니다. 그런데 우리가 다니는 사찰을 왜 절이라고 했을까요? 여러 가지 이론들이 있습니다만 절을 많이 하는 곳이어서 절이라고 했을 것이라는 의견이 있습니다. 절에 가면 누구나 절을 했으니까요.

불자님의 질문처럼 몸으로 하는 절은 어떤 의미가 있는지 살펴봅니다. 불교에서 절은 각별합니다. 먼저 절은 하심下心의 의미가 있습니다. 스스로를 낮추어 상대방을 올리는 공경의 자기표현이라고 봅니다. 절을 하면서 팔 다리의 관절이 꺾이듯 자신의 아만과 이기심을 꺾을 수 있다면 그것은 바로 중생을 위하는 이타심利他心의 시작일 것입니다.

또 절은 참회의 구체적 표현이기도 합니다. 우리 중생들이 가지고 있는 가장 큰 문제는 잘못을 저지르는 것이 아니라 그 잘못을 반성하지 않는 데 있습니다. 잘못에 대한 반성을 입과 생각으로만 하는 것이 아니라 몸으로도 나타낸다면 좋습니다. 잘못을 저질렀을 때 그에 맞는 합당한 제재가 가해지면 아무래도 잘못을 반복하는 일은 줄어들 것이니까요. 절은 그래서 참회의 대표적인 방법으로 손꼽힙니다.

절은 업장業障을 소멸하는 방편으로도 아주 좋습니다. 지극한 정성이 담겨 있는 한 번의 절은 숙세宿世의 업장을 소멸시켜 지혜의 인연을 뿌립니다. 전생부터 쌓아 온 두터운 업장이나 현생에서 잘못 길들여진 나쁜 습관들은 한 순간의 기도나 몇 번의 선행善行으로 없애기 힘듭니다.

불자로서의 삶을 시작하는 때부터 굳은 믿음을 갖고 간절하게, 그리고 꾸준하게 노력한다면 업장 소멸은 가능합니다. 그 구체적 방법의 출발이 절이라고 보시면 좋을 듯합니다. 이 밖에도 절을 하는 의미가 많습니다만 위의 세 가지만으로도 절의 중요성은 충분합니다.

경전에는 한 번의 절에도 공덕이 있다고 했습니다. 108배나 1080배, 3000배의 수행 공덕에 대해 무슨 말이 더 필요할까요? 실제로 절을 하는 분들의 이야기를 들어 보면 절을 하면서 얻는 것이 너무나 많다고 합니다. 이 정도가 되면 굳이 형식과 의례의 문제를 따지지 않더라도 절을 하는 것만으로도 큰 수행이 됨을 알 수 있습니다.

스님들이 열심히 절을 많이 하라고 하는 것은 단순하게 하는 말씀이 아니라 여러분 각자의 근기에 맞는, 또는 정진력을 기르는 수행법을 일러 주신다고 생각하시면 되겠습니다.

불교가 마음의 문제를 강조하다 보니 많은 분들이 불교는 마음만으로 완성되는 종교인 줄 알고 있습니다. 물론 '일체유심조一切唯心造'와 같은 가르침이 있습니다만 몸과 마음은 똑같이 중요합니다. 다만 출가 수행자들이 너무 마음공부에 치우치면 몸을 가벼이 여길 수 있으니 몸도 돌보면서 수행하라고 강조하는 것이고, 여기에 반해서 재가신도들은 상대적으로 육신의 문제에 치우치기 때문에 마음공부에 힘쓰라고 하는 것입니다. 절을 하는 것은 마음먹은 것을 실천하는 육신의 행위입니다. 물론 숫자가 중요하지는 않겠지만 열심히 하는 것은 의미 있는 수행입니다.

불자님처럼 저도 절을 많이 하는 것이 부처님께서 가르치신 내용이 아니라는 취지의 글을 읽은 적이 있습니다. 고행자苦行者도 아닌데 힘든 절을 누구에게나 강조하는 것은 무리가 있다는 내용의 글이었는데, 그것이 꼭 맞다고는 할 수 없습니다.

절에서 절을 많이 하라고 강조하는 것은 아무리 좋은 수행방법이라도 그것을 꾸준하게 실천하는 인내력이나 정진력이 없다면 아무런 소용이 없다는 의미로 이해하면 좋겠습니다.

뼈속에 스며드는 추위를 겪지 않고서야
어찌 매화 향기를 얻으리오

4. 우리 같은 보통사람도 깨달음을 얻을 수 있는지요

"불교는 깨달음의 종교라고 합니다. 그런데 부처님께서 깨달으신 진리에 대해 공부하다 보면 과연 우리들 중생이 그런 깨달음을 얻을 수 있을지 의문이 듭니다. 보통사람들의 삶 속에서 실현할 수 있는 깨달음이 있을까요?"

석가모니 부처님께서는 인도 부다가야의 보리수 아래에서 깨달음을 얻고 성도成道하셨다고 합니다. 불교에서는 깨달음을 지칭하는 용어들이 다양합니다. 흔히 "해탈하셨다", "열반을 증득證得하셨다"라고 말하기도 합니다.

그때 부처님께서 깨달으신 진리의 내용은 무엇일까요? 경전에서 전하는 그 내용은 삼법인三法印과 사성제四聖諦, 팔정도八正道로 대표되는 연기법緣起法과 중도中道 등입니다. 그러나 경전의 많은 부분에서 깨달음의 내용보다는 깨달음에 이르는 방법들이 더욱 강조되어 있습니다. 부처님께서는 불자들이 스스로 노력해서 깨닫게 하는 데 마음이 있었기 때문일 것입니다.

그렇습니다. 불교의 가장 큰 특징은 깨달음에 있습니다. 불자들의 궁극적인 목적도 스스로 깨달음을 이루는 것에 있어야 합니다. 우리가 부처님께서 깨달으신 내용을 알아가는 것은, 그것이 수행의 핵심이기 때문입니다.

그런데 요즘 불교를 믿는 사람들은 깨달음의 '참맛' 보다 복을 얻는 '단맛'에 몰두해 있습니다. '부처님은 그러셨지만 나 같은 보잘것없는 존재가 어떻게 그렇게 될까?' 하는 생각으로 신행을 한다면 우리에게는 아무런 발전이 없습니다. 변화도 없습니다. 불자는 부처님을 닮아야 합니다. 부처님의 가르침에 대한 이해와 그것에 대한 체험이 삶 속에서 실현될 수 있도록 노력해야 하는 것이지요.

질문처럼 일상생활 속에서 얻을 수 있는 깨달음에 대해 생각해 봅니다. 우선 깨달음은 자신을 잘 살피는 것에서부터 출발해야 합니다. 자기 자신을 알아야 진정으로 아는 것입니다. 많은 사람들이 지식은 풍부할지 모르지만 견해가 바르지 못해서 풍부한 지식이 어리석은 지식으로 바뀝니다.

지식知에 병疾이 들면 어리석음痴이 됩니다. 병은 자신을 잘 모를 때 생깁니다. 우리는 자신이 틀렸을 때 틀린 줄 알아야 합니다. 모를 때는 모르는 것을 알아야 합니다. 화가 났을 때는 화난 것을 알아차려야 하지요.

이렇게 자신을 살펴서 늘 깨어 있게 해야 합니다. 생각해 보면 대부분의 사람들은 깨어 있지 못합니다. 화가 나면 눈에 뵈는 게 없다고 합니다. 욕심에 눈이 멀기도 한다고 하지요. 그러다가 한참 시간이 흐른 뒤에 후회를 합니다. 자기가 한 일인데도 말입니다.

대부분의 우리들 모습은 깨어 있지 않습니다. 깨어 있다면 스스로에게 경고도 하고 조절도 해 나갑니다. 그러면 괴로움도 줄고 복을 짓게 되는 경우가 많아지지 않을까요? 이것이야말로 언제나 할 수 있는 깨달음의 공부 방법 중 하나입니다.

또 있습니다. 깨달음의 본질은 스스로 알아버리는 것입니다. 옳고 그름의 시비를 가리는 것이 아니라는 것이지요. 나에 대해, 사람들에 대해, 세상의 이치에 대해 아는 것입니다. 우리가 부처님의 법문을 듣고 깨달았다는 것은 우리 마음속에 자리 잡고 있는 불안과 의심, 번뇌가 사라졌다는 의미입니다.

작은 깨달음은 순간순간의 번뇌가 사라졌음을 의미하고, 정각正覺이라는 부처님의 깨달음은 모든 번뇌가 사라졌다는 의미입니다. 작은 깨달음의 체험은 우리도 언제나 합니다. 잘 몰라서 중요하게 여기지 않을 뿐입니다. 작은 깨달음의 경험이 내 삶에 조금씩 조금씩 쌓여간다면 그것은 큰 깨달음의 기초가 됩니다. 아무리 작은 경험이라도 그것이 모아지면 어느 순간에 내 마음은 헤아리기 힘든 미묘한 도리를 경험하게 될지도 모릅니다. 깨달음은 그렇게 우리에게 다가오고 실현됩니다.

일상에서 깨달음을 얻는 방법은 많을 것입니다. 수행이 부족한 제가 그 답변을 시원하게 드릴 수 없어 안타깝지만 노력을 통해서 얼마든지 가능한 일입니다.

자신의 환경과 처지에 맞게 수행합시다. 그래서 여러분들도 부처님께서 얻으신 깨달음의 '참맛'을 만끽하실 수 있기를 바랍니다.

5. 가족 간에 종교 갈등이 있어요. 어떻게 대처해야 할까요

"종교문제로 가족 간에 갈등이 일어납니다. 특히 아이들은 제 얘기를 잘 들으려 하지 않습니다. 속도 상하고 마음이 편치 않습니다. 가정이 종교문제로 대립하는 것은 좋지 않겠지요. 아무리 생각해도 좋은 방법이 없는데 이럴 땐 어떻게 해야 합니까?"

온라인On-line상에서의 가정문제 상담이나 '자비의 전화' 같은 신행에 대한 상담에서 지속적으로 제기되는 것이 가족 구성원 간의 종교 갈등입니다. 자료를 찾아보니까 가정의 종교문제는 해마다 늘어나고 있다고 합니다. 특히 결혼할 배우자와의 종교 차이라든가 시댁과의 종교적인 문제, 제사를 모시는 문제 등이 많습니다.

세계에서도 유례를 찾기 어려울 정도의 다종교 사회인 우리나라에서는 필연적으로 일어날 수밖에 없는 문제들이라고 생각합니다. 다만 안타까운 것은 불자들의 경우 대개 피해자의 입장에서 어려움을 얘기하고 있다는 것인데 불자들 대부분의 성향이 참고 감수하는 편이기 때문인 것 같습니다.

가족 내에서의 종교적 갈등은 자칫 가족 간의 반목反目으로 이어질 수 있기 때문에 파급력이 큽니다. 실제로 제가 아는 신도님들 주변에서도 제사문제 등에서 빚어지는 종교 갈등으로 가족들 간의 대립이 심각하게 전개되는 경우가 많습니다. 종교인구가 늘어나면서 가족들 간의 종교가 일치하는 비율이 점차 약해지고 가족의 범위가 넓어지면 그런 현상은 더욱 두드러질 것입니다.

결론적으로 말씀드린다면 불자들은 절대적으로 화합정신을 발휘해서라도 대립은 피하는 것이 좋습니다. 가정에서 종교적인 문제로 인하여 대립하고 반목하는 것은 종교의 본질적인 부분에 대해서 모르기 때문입니다.

종교인의 배타적인 태도는 종교적 교리를 잘못 이해했거나 그릇된 신앙 때문입니다. 여기에다 일부 종교 지도자들이 보여주는 무분별한 가르침은 큰 문제가 아닐 수 없습니다. 잘못된 가르침으로 인해 가정에서 심각한 문제가 야기

될 수 있음을 알아야 합니다. 종교가 사랑과 자비를 전파하기보다는 가족들 간의 갈등을 조장한다면 잘못된 신앙입니다. 성숙한 신앙을 가진 종교인이라면 종교문제로 서로를 배척하기보다 이해하고 감싸주는 입장을 가져야 합니다.

불자님의 질문처럼 이 문제에 대한 정답이나 왕도는 없을 것 같습니다. 다만 슬기롭게 풀기 위해서 몇 가지 생각해 볼 점은 있습니다.

우선 서로의 종교를 존중해야 합니다. 내 종교가 상대방의 종교보다 우월하다는 식의 접근은 위험합니다. 남을 무시하고 나를 높이는 것은 어리석은 행위입니다. 승부가 나지 않는 것이 종교에 관한 토론인데 왜 이기려고 하는지 모르겠습니다. 자칫하면 서로 간에 갈등의 골만 더욱 깊어집니다.

다음은 가족 간의 모임에서 가급적 종교적 특징을 배제하고 구성원 전체의 의견에 따를 수 있도록 유도하는 것입니다. 특히 불자들은 이 문제에 대해 잘 대처할 수 있다고 생각합니다. 부처님의 중요한 가르침 중 하나가 대중간의 화합和合이지 않습니까? 저는 가족 내부의 종교 갈등은 종교 자체의 문제라기보다 오히려 인간관계의 문제라고 봅니다. 부모 자식 간의 평소의 의사소통과 대화, 고부간의 문제, 형제들 간의 갈등이 종교문제를 매개로 더욱 커진 것이 아닌지에 대해서 서로 반성해 볼 필요가 있습니다.

어려운 문제이긴 하지만 진정으로 서로를 위한다면 인간적으로 이해하고 가족 구성원으로서 존중해주는 방법에서 해결점을 찾는 것이 좋습니다.

종교를 선택하는 것은 개인의 고유한 권리일 수 있습니다. 부처님 가르침으로 하나가 되는 가정은 꾸준한 기도와 포용력, 자비심으로 가능하다고 생각합니다.

6.
절에는 자주 가는데 신심이 나지 않아요. 어떻게 해야 할까요

"처음에는 신심이 나서 절의 이런 저런 일을 열심히 했는데 요즈음은 기도나 법회에도 잘 참여하지 않게 됩니다. 또 가끔은 같이 일하는 분들과 갈등도 일어납니다. 절에 가는 것은 좋은데 예전처럼 신심은 나지 않는 것 같아 걱정입니다."

절에 오랫동안 다닌 불자님들 대부분은 하심下心과 정진精進의 삶을 살아가고자 노력합니다. 불교적인 지식이 많지 않더라도 누구에게나 머리를 숙이고, 기도와 법회에 빠지지 않으려는 불자님들을 볼 때마다 신심信心이란 하루아침에 이루어지는 것이 아니란 걸 새삼 느끼게 됩니다.

그러나 불자님께서 말씀하신 것처럼 가끔은 그와는 반대로 오랫동안 절에 다녔으면서도 아직 하심을 하지 못하고 법회나 기도에 동참하는 것을 게을리 하는 불자님들을 볼 때가 있습니다. 심지어는 절에서 남을 헐뜯기도 하고 말싸움까지 하는 것을 목격합니다. 이런 문제의 원인은 여러 가지가 있을 수 있습니다. 그러나 제 생각에는 불교나 절에 대한 친근함과 익숙함을 부처님 가르침을 실천하는 것과 혼동하는 것에도 그 이유가 있다고 생각합니다.

《유마경維摩經》에서 얘기하는 부처님의 10대 제자가 있습니다. 10대 제자 중 마지막에 등장하는 분이 아난존자입니다. 그는 석가모니 부처님과는 세속의 인연으로 사촌동생이 되지요. 아난존자는 부처님께서 성도成道하신 후 45년 전법, 교화의 기간 중에 25년, 특히 부처님이 열반하실 때까지 부처님 바로 곁에서 부처님을 모신 분입니다. 흔히 다문제일多聞第一이라고 해서 부처님의 가르침을 가장 많이 듣고 기억했던 제자입니다.

우리가 지금 읽고 있는 경전 첫머리에 등장하는 여시아문如是我聞의 '아我'의 주인공이 대부분 아난존자입니다. 경전을 결집하는 중요한 역할을 했던 제자인데 하마터면 경전 결집과정에 참여할 수 없을 뻔했다고 합니다.

아난존자처럼 부처님의 가르침과 삶의 모습을 오래 동안

가까이서 지켜본 분은 없었을 것입니다. 그러나 경전에서는 아난존자의 깨달음이 상당히 늦게, 그것도 아슬아슬하게 얻어졌음을 전합니다. 부처님 경전 제1결집 바로 직전에야 깨달음을 얻어 가까스로 경전 결집에 참여했다고 하지요.

아난존자의 깨달음이 늦었던 이유에 대해서도 여러 의견이 있을 수도 있겠지만 저는 앞에서 얘기한 것처럼 아난존자가 부처님에 대해서 잘 알고 있고, 부처님을 가까운 거리에서 모셨기 때문에 본인 스스로의 수행에 소홀했던 것은 아닐까 하는 생각을 해 봅니다. 어쩌면 아난존자는 부처님의 능력만을 믿고 안일한 생각을 했을지도 모릅니다. 부처님을 알고 있는 것과 부처님의 가르침을 실제로 실천하는 것과는 다릅니다.

이런 점은 우리에게도 적용되겠지요. 절에 오랫동안 다녔으면서도 부처님 가르침을 실천하지 않는다면 우리 불자들 역시 아난존자와 같은 오류에 빠지는 것입니다. 절에 다니면서 부처님 가르침을 실천하지 않는 것은 학교에 다니면서 공부를 게을리 하는 것과 같습니다.

아무리 학교에 열심히 다녀도 실제로 본인이 공부를 열

심히 하지 않으면 실력이 나아지지 않습니다. 선생님과 친한 것이나 학교 임원을 맡는 것과도 상관없는 일이지요. 몸소 부처님 가르침을 실천하고 실현하는 것에 가치를 두지 않고 직위나 경력 같은 것을 내세우는 모양은 불자의 본래 모습과는 거리가 있습니다.

우리들은 깨닫지 못한 중생이라 어쩔 수 없다고 합니다. 그러나 절에 다니는 자신의 모습이, 다니지 않을 때와 별로 차이가 없다면 문제가 있는 것입니다.

신행을 통해서는 삶의 변화가 있어야 합니다. 그 변화가 자신과 가족, 주변 인연으로 퍼져 나가야 바른 불자라고 할 수 있겠습니다.

하고 싶거나 안 되는 일이 있을 때는 원을 세우라.
자신의 복에 넘치는 것은 이루어지지 않지만
자꾸 복을 지어서 그 일이 이루어질 만큼 복이 차면
원은 반드시 이루어진다.
부처님 법이 참으로 불가사의한 것이,
아무리 자기의 마음에 없는 말이라 해도
부처님 앞에서 크고 밝은 원을 세우면
그것이 결국에는 현실로 이루어진다.

집집마다 문앞의 길은 대도로 통하네

7. 윤달에는 꼭 생전예수재를 지내야 합니까

"윤달에는 생전예수재를 지낸다고 합니다. 생전예수재는 무엇인가요? 불교 의식인지도 궁금하고, 왜 윤달에 지내는지 알고 싶습니다."

생전예수재生前豫修齋는 말 그대로 살아 있을 때 미리 수행과 공덕을 닦아두는 재齋 의식입니다. 다음 생을 대비해 죽은 후에 행할 불사佛事를 살아서 미리 닦는다고 하지요. 어떤 분들은 자신의 49재를 미리 지내는 것이라고 얘기합니다.

천도재가 사람이 죽은 후에 좋은 곳으로 인도하기 위한 의식이라면 예수재는 살아 있는 사람, 즉 나 자신을 위한 의식이라고 정의할 수 있겠습니다.

경전에서는 예수재를 행할 때 3·7일을 기도 정진하고, 등을 켜며 번을 달고 스님들을 청하여 경전을 읽고 복을 지으면 한량없는 복을 이루고 소원대로 과보를 얻는다고 말합니다.

또한 사람에게는 경전을 읽어야 할 빚과 돈으로 지은 두 가지의 빚이 있어서 이것을 생전에 갚아야 한다고도 합니다. 그래서 생년월일을 따져 경전 빚은 경전을 직접 독송하거나 구입해서 보시함으로써 갚고, 돈 빚은 지전紙錢을 시왕전十王殿에 올리는 것으로 갚지요.

이렇게 빚을 다 갚으면 일종의 영수증 격인 증표를 받아 하나는 불에 태우고 다른 한 조각은 가지고 있다가 죽은 후에 명부冥府의 시왕들에게 보여 주어 빚이 없음을 인정받고 좋은 곳에 태어나게 된다는 것이 예수재의 내용입니다.

불자님의 질문과 연관해서 저는 예수재에 대해 두 가지를 강조하고 싶습니다. 하나는 스스로의 노력이라는 관점입니다. 불교의 철저한 인과법은 내가 지금 어떻게 생각하고 행위하느냐에 따라 다음 생의 삶의 방식이 정해진다고 봅니다. 그래서 언제나 나의 행위에 대해 책임지고 노력하는 자세를 갖는 것이 최선입니다.

하지만 항상 최선대로 되지 않는 것이 보통의 삶이기 때문에 잘못되었을 경우는 그것을 반성하고 참회하는 것이 매우 중요하다고 하겠습니다. 예수재를 지내는 목적이기도 하구요. 이런 점에서 본다면 나의 후손들이 죽은 나를 위해 천도재를 지내 주는 것도 중요하겠지만 생전에 나 스스로가 행하는 수행이나 공부, 미리 닦는 예수재도 중요한 의미가 있는 것입니다.

또 하나는 질문하신 것처럼 윤달이라는 측면에서 생각해 봅니다. 윤달은 '공달' 입니다. '덤달' 이라고도 합니다. 요즘 말로 바꾸어 '보너스달' 이라고 하면 쉽겠네요.

윤달은 평년의 12개월보다 1달이 더 보태진 달로 몇 년마다 한 번씩 듭니다. 예로부터 이 달에는 하늘과 땅의 모든 신들이 인간에 대한 감시를 멈추어서 무엇을 해도 죄가 되지 않는다는 생각이 있었습니다. 그래서 윤달에는 아무 걸릴 것도 없고 탈도 없다고 합니다. 수의壽衣를 만들어도 불효가 안 되고, 이장移葬을 해도 탈이 나지 않는답니다. 절에서는 윤달에 불사나 재를 올리면 공덕이 더욱 뛰어나다고 보았습니다.

혹시 여러분들은 월급 말고 보너스를 타시면 어떻게 하

십니까? 평소의 생활은 정상적으로 들어오는 수입으로 잘 맞추어 꾸려 나가게 됩니다. 그러다가 들어오게 되는 보너스는 자칫 잘못하면 불필요한 곳에 쉽게 쓰일 수도 있겠죠. 공짜라고 생각하니까요. 저는 이것을 평소에 하기 어려운 일, 특히 좋은 일에 써보면 어떨까 합니다. 아주 의미 있는 일이 될 것입니다.

윤달이라고 하는 보너스달에도 마찬가지입니다. 평소에 쉽게 생각하고 저질렀던 자신의 잘못을 돌아보는 그런 수행의 시간을 갖는다면 더욱 뜻 깊지 않을까요?

예수재는 살아 있는 동안에 진 빚을 참회하고 미리 업장을 해소시켜 청정한 몸과 마음가짐으로 죽음에 대비하는 불교의 수행의식입니다.

요즘 웰-다잉Well-dying이라고 해서 죽음을 잘 준비하자는 취지의 사회적 현상이 유행입니다. 미리 유서도 써보고 자신을 돌아보는 기회를 많이 갖는데, 웰-다잉으로 예수재만큼 좋은 방법도 없을 것 같습니다.

눈송이가 딴곳으로 떨어지지 않는구나

8. 기도는 어떤 방법으로 해야 하나요

"절에 다니면서 기도를 많이 하게 되는데, 지금 하고 있는 기도가 바른 기도인지 잘 모르겠습니다. 기도가 잘 되지 않는 경우도 많은데 스님들께 여쭤보면 스님들마다 다르게 얘기하십니다. 어떤 방법이 좋은가요?"

불자들에게서 많이 질문 받는 것이 기도에 관한 것입니다. 기도의 방법이나 바른 기도에 대해 한마디로 정의하기는 어렵습니다. 기도의 방법이 표준으로 정해진 것도 아닙니다. 불자님 각자의 특성과 환경을 고려해서 신행하고 있는 사찰 스님들의 조언과 지도를 참고하는 게 가장 좋은 방법 중 하나입니다. 외람되지만 다양한 여러 방법 중에 제가 포교 현장에서 경험한 것을 바탕으로 나름대로의 답변을 드리겠습니다.

우선 기도의 의미부터 살펴보면 기도는 절대자에게 소원을 비는 행위이자 의식입니다. 재앙을 소멸하고 복을 얻기 위해 염원합니다. 이것을 불교적으로 이해한다면 소원을 통해 불보살님의 가피加被를 얻는 경우라고 하겠습니다. 부처님은 중생 구제를 위해 계십니다. 우리가 이러한 부처님의 원력에 의지해서 어렵고 힘든 것을 이겨내고, 또 원하는 바에 대한 가피를 받고자 하는 믿음의 표현이 기도가 아닐까 합니다.

불교적 의미의 기도는 크게 두 가지로 나눌 수 있습니다.

하나는 기복祈福으로서의 기도입니다. 재앙소멸이나 질병치료, 출세, 재물 등의 현세적 이익을 기원하는 것입니다. 대개 처음으로 종교(불교)에 입문하는 분들이나 보통의 사람들이 생각하는 기도의 모습입니다. 출발은 대부분 이렇게 시작합니다. 외형적으로 기도하는 습관을 들이는 좋은 방법일 수도 있습니다.

다른 하나는 수행修行으로서의 기도입니다. 소원을 이루기 위해 불보살님의 무조건적 가피를 청하는 것이 아니라 스스로 거기에 맞는 다짐을 하고 그것을 실천하는 것입니다. 다시 말하면 자신이 원하는 것을 하나의 발원으로 세우고, 몸과 마음의 정성을 다하여 노력하는 것이지요. 신행의 경력이 쌓일수록 수행으로서의 기도가 필요합니다.

그러나 소원을 이루고 복을 받기 위해 기도하는 분이 많은 것이 엄연한 우리 불교의 현실입니다. 기복의 기도에서 수행의 기도로 한 걸음 나아가는 것은 개인적으로도 바른 신행을 하는 것이지만, 불교가 바르게 세워지는 중요한 초석도 됩니다. 그래서 바르게 기도해야 합니다.

바른 기도를 위해 먼저 몸가짐과 마음가짐 등의 조건을 말씀드리겠습니다. 우선 시간과 장소입니다. 생각하는 것보다 훨씬 중요한 사항입니다. 기도는 반복되는 노력입니다. 그래서 일정한 시간과 장소를 정하는 것이 꼭 필요합니다. 시간은 하루 중 집중할 수 있을 때, 장소는 가급적 조용한 곳을 선택하면 되겠습니다. 매일 절에서 일정하게 기도할 수 있다면 이 두 가지를 한꺼번에 해결할 수 있습니다만, 재가불자들의 하루 일과를 생각해 보면 쉬운 일은 아닙니다.

그러면 그 다음으로 생각할 수 있는 것이 잠자기 전이나 일어나서 바로 하는 것입니다. 저는 이 방법이 아주 좋다고 생각합니다. 하루 중 주변 여건에 방해받지 않고 온전하게 몰두할 수 있는 시간과 장소가 많지 않으므로 취침 전후의 시간을 내면 어렵지 않다고 생각합니다.

가끔 기도를 하시는 분들 중에 바빠서, 또는 시간 내기 어려워서 힘들다고 하는 분들이 있습니다. 기도는 시간 날 때 하는 것이 아닙니다. 시간을 내서 하셔야 합니다. 기도를 하고자 마음을 내셨다면 기도는 생활 속에서 최우선 순위가 되어야 합니다. 기도는 정성과 간절함인데, 동창회나 식사모임 등에 밀려서야 되겠습니까? 기도가 잘 되지 않는 분들은 곰곰이 생각해 보십시오. 나에게 기도는 몇 순위인지를.

다음은 기도의 절차에 관한 것입니다. 이것도 역시 각자의 방법을 정하는 것이 좋다고 봅니다. 절에서 기도할 때는 이끌어 주시는 스님에 맞추어 따라 하면 될 것이고, 개인적으로 기도할 때는 자기 나름의 방법을 갖는 것도 필요합니다. 우선 절에서 하는 기도의 의식을 참고하여 삼귀의, 참회, 발원 정도의 순서로 하시면 좋겠습니다.

절차와 기도의 내용에 대해서는 다음 질문에서 좀 더 자세하게 설명하겠습니다.

9. '마음 비우라'는 말씀과 '원력을 세우라'는 말씀은 모순이 아닌지요

"스님들의 법문 중에 '마음을 비우라'는 말씀과 '원력을 세우라'는 말씀이 있는데, 어떤 차이가 있는지요? 또 불자들이 기도할 때 소원을 비는 것은 욕심과 서로 상충되는 것이 아닌지 알고 싶습니다."

욕심과 원력의 차이점에 대해 질문하셨는데, 먼저 욕심과 원력의 불교적 의미에 대해 알아보고, 두 가지의 관계에 대해서도 말씀드리겠습니다.

많은 불자들의 질문처럼 불교에는 '욕심을 버려라' 또는 '마음을 비우라'고 하는 가르침이 있습니다. 여기서 버려야 할 것은 물론 '욕심'입니다.

불교에서 욕심은 어떻게 정의될까요?

욕심은 모든 번뇌와 집착의 뿌리입니다. 이익이나 대가

를 바라는 마음이라고도 합니다. 욕심은 우리를 어리석게 하고, 어리석음은 곧 불행한 삶으로 이어집니다. 그래서 욕심을 제거하는 것이야말로 깨달음에 이르는 지름길이라고 말합니다.

질문에서처럼 스님들의 가르침은 여기에 근거를 두고 하신 말씀입니다. 그런데 욕심을 없애는 것이 말처럼 쉽지 않습니다. 욕심 중에는 식욕, 성욕, 수면욕, 재물욕, 명예욕과 같은 우리가 생명을 유지하는 데 필요한 기본적인 요건들이 있습니다. 때문에 어느 정도는 가지고 있어야 하는 측면도 있습니다. 그렇지만 지나치면 해가 됩니다. 자신의 욕심이 지나쳐 남에게 피해를 주는 경우를 많이 볼 수 있습니다. 그래서 우선은 자신의 욕심을 잘 파악하고 다룰 줄 알아야 합니다. 욕심을 조절할 줄만 알아도 큰 이익이 있습니다.

이제 '원력을 세우라'는 말씀에 대해 알아보겠습니다.

쉽게 정의한다면 불교에서 원력은 맹세와 회향의 의미를 갖습니다. 나 자신만의 이익이 아니라 내 주변 이웃들과 모든 인연들의 이익을 위한 행동과 마음을 원력이라고 할 수 있습니다. 자기중심적인 욕심과는 근본적으로 차이가 있기 때문에 원력은 클수록 좋습니다.

아미타 부처님께서 부처님이 되시기 전 법장비구였을 때 세운 48가지 원과 보현보살의 10가지 대원, 사홍서원 같은 것이 대표적인데, 항상 마음속으로 염원하기 때문에 맹세의 의미가 있습니다. 또한 자신의 공덕을 이웃에게 향(向)하게도 합니다. 이렇게 자신이 행한 선근 인연의 행(行)을 일체중생의 깨달음을 위해 돌려주므로 회향의 의미도 갖습니다. 그래서 불자가 원력을 갖는다는 것은 바른 신행을 위한 필수요건입니다.

욕심과 원력의 의미가 대체적으로 이렇습니다. 질문과 연관해서 제가 여러 불자님들께 말씀드리고 싶은 것이 있습니다. 의미를 새기는 일과 더불어 '욕심을 버리고 원력을 세우는 일'이 두 가지 일이 아닌 하나의 사실이란 점입니다. 마음의 변화가 바로 그것입니다.

불교에 처음 입문하는 분들은 보통 '기도'라는 신앙행위를 통해서 불교를 접하고 이해해 갑니다. 그래서 처음에는 기도의 의미를 제대로 알지 못할 수 있습니다. 많은 사람들이 기도를 곧 소원성취의 방법으로만 이해하고 있는 것도 이런 것이지요. 초심자가 처음엔 가족의 건강과 성공,

행복 같이 자신의 이익을 위해 기도하는 것은 잘못된 것이 아닙니다. 어떤 면에서는 당연하기도 합니다. 그러나 부처님의 가르침은 여기서 한 걸음 더 나아가라고 일깨워주십니다. 자신의 행복은 타인의 행복을 위할 때 진정으로 찾아온다고 하셨습니다. 그것이 인과의 도리이고 인연의 법칙이지요.

불자 여러분!

욕심은 더 좋은 방향으로 변화하고 발전시킬 수 있습니다. 그것은 지혜가 더해지면 가능합니다. 마음은 지혜가 없으면 욕심에 머물러 있지만 지혜가 있으면 원력으로 발전합니다. 지혜를 기르는 것이 수행입니다.

비유가 좀 그렇습니다만 나만 잘되고 남은 망하기를 기도하는 사람이 있다면 어떻겠습니까? 모두들 아니라고 하시겠지만, 우리들 마음 한쪽에는 혹시 이런 생각이 자리 잡고 있는지도 모르겠습니다. 욕심으로 기도하면 자신을 망가뜨립니다. 항상 자기를 먼저 돌아보고, 남을 이해하고 용서하며 무언가를 주는 마음으로 기도해 보십시오. 어느덧 욕심은 사라지고 원력이 남아있는 내 마음을 볼 수 있을 겁니다.

10. 가짜 스님과 가짜 거지, 어떻게 봐야 하나요

"전철 안에서 종종 구걸하는 분들을 보게 됩니다. 또 가끔은 길에서 시주를 부탁하며 절을 하는 스님들도 만나는데 심정적으로는 도와주고 싶지만 그것이 잘하는 일일까요? 가짜 거지, 가짜 스님들이라는 말도 들었는데 이럴 때 어떻게 해야 할까요?"

사람들마다 이런 문제를 보는 관점은 여러 가지가 있을 수 있습니다. 먼저 구걸하는 습관을 끊어 주어야겠다는 생각입니다. 예전에 인도 성지순례를 갔을 때 여행가이드가 한 말이 기억납니다. 인도의 거지들에겐 무엇인가를 주어서는 안 되는데 한번 주게 되면 습관이 돼서 계속 달라고 하고 몰려다니며 떼를 써서 여행하기 어렵다는 것이었습니다. 그때부터 여행객들은 순례보다 거지를 피해 다니느라 많은 수고(?)를 해야 했지요.

또 하나는 대부분이 가짜 거지이므로 주어서는 안 된다는 논리입니다. 제가 살고 있는 절에도 가끔 구걸하는 분들이 찾아오곤 하는데 신도님들 중에는 그 분들이 진짜 거지인지, 멀쩡한 거지인지, 또는 직업적인 거지인지에 대해 의견이 분분합니다.

솔직히 말하자면 예전의 저는 주로 첫 번째의 입장이었는데 절 집에 들어와 살고부터는 생각이 바뀌었습니다. 윤회의 관점에서 보면 우리는 누구나 거지였을 수 있고, 거지가 될 수도 있다는 생각이 듭니다. 누구나 불성佛性을 가지고 있다면 그들도 언젠가는 부처님이 될 수 있겠지요. 미리 보시布施라는 투자를 좀 한다고 해서 그리 잘못된 일은 아닐 거라는 생각이 듭니다. 설사 그들이 지금은 가짜라도 말입니다.

중요한 것은 따로 있습니다. 불교적 입장이라고 해도 크게 틀리지 않을 것 같습니다. 누군가에게 도움을 줄 때, 주는 나의 가치기준으로 판단하는 것은 옳지 않다는 것입니다. 그들에게 필요한 것과 필요하지 않은 것에 대해서 너무 많은 생각을 할 필요는 없습니다. 그 분들이 필요하다고 한다면 아무 조건 없이 주는 것이 좋겠지요.

우리가 그들에게 도움을 주면서 생각이 너무 많은 것은 아닐까요? 이 세상에서 제일 쉬운 보시는 지금 가지고 있는 것을 주는 일입니다. 가지고 있지 못한 것을 주려고 하고, 보시하려고 하면 어렵습니다. 내 생활에 무리가 되지 않는 범위 내에서 누군가에게 무엇을 주는 것은 언제든지, 얼마든지, 아무에게나 가능합니다.

실제로 길을 걸어가다가 구걸하는 이들에게 도움을 주는 것이나 T.V 같은 곳에서 어려운 분들을 위해 적지만 금전적으로 약간의 도움을 베풀었을 때 나도 모르게 뿌듯해지고 마음이 따뜻해지는 느낌을 가져 보셨을 겁니다. 이것은 많은 돈을 주고도 살 수 없고, 얻을 수 없는 행복입니다. 사람들은 내가 여유로울 때 누군가에게 도움을 줄 수 있다고 생각하지만 그것은 마음의 여유로움의 문제지 돈의 있고 없음의 문제는 아닙니다.

경전에 무주상보시無住相布施의 공덕이 수승殊勝하다는 말씀이 있는데 많은 분들이 무주상하는 것을 '주고 나서 잊어버리는 문제'로 인식하고 있어서 안타깝습니다. 외람되지만 저의 생각으로는 오히려 생활 속에서 자주 보시함으로써 생활의 일부분이 되게 하는 것이 무주상의 의미에 훨씬 더 가깝다고 생각됩니다. 보시의 실천을 습관화하기 위해선 대상이 누구든 간에 항상 줄 수 있는 마음을 가져야 합니다.

질문에서처럼 가짜 거지나 가짜 스님들에게 속을 수도 있겠습니다. 그 문제를 해결하는 것은 별개의 문제입니다. 우리는 우리가 할 수 있는 것을 하는 편이 낫습니다. 주는 데도 생각이 많고 분별이 많아지면 자꾸 아상我相만 늘어납니다. 좀 속아주면 어떻겠습니까? 오히려 돈이라도 건네면서 그들이 좀 더 잘살 수 있기를 바라는 마음을 낼 줄 알아야 부처님의 가르침을 따르는 불자佛子의 마음이 아닐까요? 열 번이고 백 번이고 속더라도 순간순간의 행복을 느껴보시는 것이 훨씬 더 좋을 것 같다는 생각이 듭니다.

너무 많이 믿으면
남에게 속을 때도 있을 것입니다.
그러나 믿지 않는다면
날마다 고뇌 속에서 살게 될 것입니다.

프랭크 크레인

그대는 누구인가

11. 초보 불자인데 좋은 절을 선택하는 기준이 있는지요

"좋은 절을 선택하는 기준이 있나요? 소속 종단을 보고 절을 선택하는 방법은 어떻습니까? 초보 불자들에게는 어려운 부분입니다."

사찰은 부처님을 모시고 예배를 드리는 곳이며, 부처님의 가르침으로 대중들을 교화하는 곳이기도 합니다. 출가出家와 재가在家의 사부대중四部大衆이 공동생활을 하고 수행을 하는 장소입니다. 재가신도들의 입장에서 보면 신행信行의 중심 공간이기도 하지요. 그래서 어떤 절을 선택하느냐는 매우 중요한 일입니다.

그런데 초보(?) 불자들은 자의에 의해서 절을 선택했다기보다는 부모님, 친구 등의 영향으로 절을 찾게 됩니다.

그래서 사실 처음에는 좋은 절인지 바른 신행을 하는 곳인지 잘 알지 못합니다. 방송에 보도되었던 일산의 한 사찰처럼 잘못된 신행을 유도하는 절이라면 피해가 고스란히 신도들에게 가기 때문에 조심해야 합니다.

소속 종단을 보고 선택하는 것도 한 방법일 수 있겠습니다. 그러나 종단이 구별되는 교학敎學적 측면은 주불主佛과 소의경전所衣經典의 차이 정도입니다. 오히려 중요한 부분은 계율의 입장 차이, 사찰 재산의 등록문제 같은 것이 있는데, 초심자에게는 어려운 부분입니다.

종단이 많다는 것을 꼭 부정적으로 생각할 필요는 없습니다. 부처님께서 중생들의 근기에 따라 적절한 가르침을 주셨듯이 불교 공부와 수행의 내용도 어느 한 가지 접근 방식만이 아닌 다양한 시도라고 이해하면 좋겠습니다. 종단이 많기 때문에 선택에 있어서 어려움은 있겠지요. 신도들 중에는 '조계종'이라고 하면 그나마 안심이 된다는 분들도 있습니다만 비슷한 이름의 종단도 꽤 있기 때문에 선택에 신중을 기해야 합니다.

그렇다면 어떻게 해야 '좋은 절'을 선택할 수 있을까요? 우선 좋은 절이라는 것은 다분히 주관적인 문제이기 때문에 답변이 어렵다는 걸 말씀드립니다. 사람마다 불교에 대한 인식이나 절을 찾게 되는 동기가 다르기 때문에 객관화시킬 수 없는 부분이니까요.

가령 어떤 분들은 가기만 하면 마음이 편해지는 절을 좋은 절로 생각합니다. 또 어떤 분들은 열심히 기도하는 절을 선호하기도 하지요. 공부를 많이 하는 곳이 좋다는 분들도 있습니다. 이렇게 저마다의 특징이 있기 때문에 한마디로 단정하긴 어렵습니다만 절을 선택하는 데 참고가 될 만한 기준은 있습니다. 꼭 맞는 것은 아니지만 도움이 되셨으면 합니다.

먼저 절을 선택하는 데 있어서 겉으로 보이는 모습으로만 판단해서는 안 됩니다. 기능적인 측면이 훨씬 중요합니다. '어느 곳에 있느냐, 어떻게 생겼느냐'가 아니라 '무엇을 하느냐'가 핵심입니다. 의외로 많은 사람들이 기와집과 승복을 입고 있는 분들이 계신 곳을 모두 절이라고 생각해서 놀랐습니다. 안타까운 부분이기도 하구요.

다음으로 절은 불·법·승 삼보三寶의 정신이 깃들어 있어야 합니다. 특히 부처님의 가르침을 펴는 법회나 수행 프로그램, 중생들을 위한 교화활동 등 대사회적 신행이 이루어지고 있는가가 중요합니다. 불교의 생명은 정법正法의 선양에 있기 때문입니다.

　가끔 가장 좋은 절, 기도 영험이 있는 절을 소개해 달라는 분들이 있습니다. 저는 자신 있게 추천해 드립니다. 가장 영험 있고 좋은 절은 공부하고 수행하는 분들이 많은 절이라고 말입니다. 경치 좋고 물 맑은 곳에 있는 절만이 좋은 절은 아닙니다. 주변에, 또는 가까운 곳에서 열심히 기도하며 공부하고 이웃들을 돕고 봉사하는 절을 찾아보십시오.

　21세기의 첨단 과학시대를 사는 요즘에도 많은 사람들이 점술이나 주술에 의존하며 살고 있습니다. 치열한 경쟁시대에서 살아남으려는 강박감과 불안감이 그런 형태로 나타나는 것이겠지요. 그러나 그럴수록 마음의 개조를 통한 자기 성찰이 필요합니다. 항상 좋은 일을 생각하고 순간 순간 최선을 다하는 불자가 되어 정법을 수호하는 데 앞장을 서야 하겠습니다.

한마음이 청정하면 온 세상이 청정하다

12. 입춘 때 사찰에서는 부적을 나누어 주기도 합니다. 잘못된 것은 아닌지요

"입춘 때 절에서는 부적을 나누어 주기도 하고 심지어 속옷을 태우는 등의 의식을 하는 곳도 있는데 이것은 불교 신행과는 거리가 있는 것 같습니다. 불교를 미신으로 생각하는 사람들이 많은 이유가 이런 것들 때문은 아닌지요? 어떻게 이해하면 좋을까요?"

불교의 4대 명절은 부처님 오신날, 출가일, 성도일, 열반일입니다. 그런데 우스갯소리지만 4대 명절을 입춘立春, 부처님 오신날, 백중百衆, 동지冬至 등으로 알고 있는 분들도 있습니다. 절에 사람이 많이 오는 날을 명절의 기준으로 본다면 그럴 수도 있겠지요. 실제로 각 사찰에서는 이런 세시풍속에 맞춰 여러 행사를 진행합니다.

잘 아시다시피 입춘은 양력 2월 4일이나 5일에 있는 일 년의 24절기 중 첫 번째로 돌아오는 절기입니다. 절기는 농경국가인 우리나라에서 한 해의 풍년과 복을 기원하는 의미에서 중요하게 여기는 민족 고유의 풍습 중 하나입니다. 홍수水와 태풍風, 화재火의 세 가지 재난인 삼재三災에서 벗어나기를 소망하고 일 년 내내 탈이 없기를 소원하는 날이지요. 그래서 민간에서는 한 해의 시작을 알리는 절기인 입춘에 '입춘대길 건양다경 立春大吉 建陽多慶'이라는 입춘방을 대문에 붙이고 저마다 삼재막이 부적을 지니는 풍습이 있습니다. 보통은 이것을 단순히 미신으로 치부하는 경향이 있는데 꼭 그렇게만 볼 것은 아닙니다. 입춘이나 동지 같은 민족 고유의 풍습이 불교의 의식 속에 자리 잡고 있는 것은 그럴 만한 이유가 있습니다.

부처님 가르침의 궁극의 목표는 무엇보다도 중생의 구제에 있습니다. 특히 대승불교가 일어나면서 모든 중생들에 대한 구원사상은 더욱 강조됩니다. 그래서 여러 가지 다양한 신앙형태가 생겨나는데 토속신앙이 유입되는 것도 이런 측면이 강합니다.

불교의 특징 중 하나는 불교적 가치라는 목표의 구현을 위해 강제적이거나 강압적인 물리력을 동원하여 포교하지 않았다는 점입니다. 역사적으로 불교라는 이름으로 종교

전쟁을 일으킨 적이 제가 알기로는 없습니다. 오히려 가르침을 널리 확대하는 과정에서 그 지역과 지역 사람들의 문화, 사상 등을 존중하고 이해하며 그것을 바탕으로 포용력을 발휘하여 함께 공존하며 과감히 수용했습니다. 따라서 중생을 교화하면서 그것이 비록 비불교적인 토속신앙이라 하더라도 수용하게 됩니다.

불교가 인도에서 시작하여 티베트, 중국, 한국, 일본을 거치는 과정에서 그러한 모습은 잘 나타납니다. 외래종교인 불교가 우리 민족의 전통 종교로 자리 잡을 수 있었던 가장 큰 이유도 여기에 있습니다. 또한 현재 한국 사찰에 모셔져 있는 삼성각과 같은 토속신앙적 요소들은 그런 결과물이구요.

입춘 같은 세시풍속도 중생구제라는 차원에서 이해하고 받아들여야 합니다. 물론 속옷을 태운다든가 삼재부, 재수부 같은 부적을 몸에 지니는 행위는 과감히 버려야 할 부분입니다만 입춘의 의미를 바르게 이해하는 노력은 필요하다고 봅니다.

구체적으로 한 가지를 말씀드리면, 부적 대신에 부처님 경전을 몸에 지니는 것도 좋은 방법입니다. 그리고 그 경전을 일 년 동안 읽고 이해하는 노력을 하는 것이지요. 부적으로 나쁜 일이 오지 않기를 바라는 소극적인 생각, 어리석은 생각에서 벗어나 항상 부처님과 부처님의 가르침이 나와 함께 한다는 적극적인 생각, 불자다운 생각으로 바꾸는 것입니다. 어려운 일이 아닙니다. 한 생각 한 마음만 바꾸면 얼마든지 가능한 일입니다.

이렇듯 우리 불자들은 어려운 현실에서 벗어나고자 하는 중생들의 소박하고 간절한 소망을 불교적으로 받아들여야 합니다. 그래서 그들을 위해 축원하고, 입춘의 생명력과 대중성을 매개로 하여 부처님의 중생구제라는 가르침으로 변화, 발전시킬 수 있는 방법들을 찾을 수 있었으면 합니다.

봄날의 온갖 꽃 누굴위해 피는가

13. 무당 무속 등 토속 신앙과 불교는 어떤 관계인지요

"절에 가면 산신각이나 칠성각 등이 있는데 이러한 토속적인 신앙을 불교적으로는 어떻게 이해합니까? 아직도 토속신앙과 불교를 제대로 구분하지 못하는 분들이 많습니다. 그래서 불교를 미신으로 얘기하는 사람도 있던데요."

2600년 전 인도에서 발생한 불교는 현재에 이르기까지 다양한 모습으로 전해져 왔습니다. 원시불교, 부파불교, 소승불교, 대승불교 등으로 나타난 불교는 아시아의 여러 나라로 전파되는 과정에서 그 지역의 풍토, 문화와 접촉하여 다양하게 발전되었고 경전이 새롭게 편찬되기도 했습니다. 뿐만 아니라 교리나 의식도 각 지역에 따라 판이하게 변화를 거듭하여 '이것이 불교다' 라고 정의할 수 없을 정도로 다른 모습을 지니기도 했지요.

그래서 불교의 대표적인 특징으로 포용성과 관용성을 듭니다. 그러한 결과로 불교는 어떤 지역에서든 외래 종교였지만 빠르게 적용하는 토착화된 불교의 모습을 보여 주고 있습니다. 산신각山神閣이나 칠성각七星閣 같은 것이 대표적인 경우입니다.

또한 불교는 인간에 대한 깊은 이해가 있는 종교입니다. 탐·진·치 삼독三毒으로 대표되는 번뇌 망상으로부터 고통 받는 우리들에게 불교는 반성의 계기를 제공하고 참된 진리를 일깨워 줌으로써 모든 중생을 구원의 길, 해탈의 길로 이끄는 것을 목표로 합니다. 불교는 다양한 방법을 통해서 이러한 종교적 이상을 구현하는 데 노력했습니다.

그래서 불교가 전해진 지역의 자연환경이나 기후조건 등을 깊이 고려하고 거기에 사는 사람들의 문화와 전통을 이해하여 그것을 부정하기보다는 불교적으로 수용해서 함께 공존을 했던 것이지요. 그 과정에서 어떤 강제적 수단을 쓰지 않았습니다. 불살생不殺生을 종교적 계율과 덕목으로 삼는 불교는 처음부터 전파 방법에 평화를 추구한 것입니다. 이른바 불교로 인한 전쟁이 한 번도 없었음은 기억할 필요가 있습니다.

불자님의 질문처럼 우리 불교의 모습에서 토속적 신앙들이 한데 어우러져 있는 것은 이러한 불교의 관용성, 평화성의 영향 때문입니다. 그러나 현재와 같은 지극히 합리적이고 과학적인 시대에 과연 이러한 비非불교적인 신앙요소들을 어떻게 이해해야 할 것인가는 더 많은 검토가 필요하다고 생각됩니다.

그래서 우리 불자들도 믿음의 질에 대해서 한번 생각해 보아야 합니다. 미혹이 없는 믿음, 정법正法에 입각한 믿음이 무엇인지에 대해서 생각해 봅시다. 유위有爲의 복에서 영원한 복을 누릴 수 있는, 단순한 소원성취의 믿음이 아닌 근본적인 깨달음의 성취를 위한 신앙의 형태가 무엇인가 고민해야겠습니다.

물론 토속신앙이 무조건 잘못된 것은 아닙니다. 그 속에도 나름대로의 순수성과 역할이 있습니다. 교리적으로도 영산석일여래촉靈山昔日如來囑이라고 해서 부처님께서 일찍이 영취산에서 산신에게 부촉하셨다는 말씀도 있습니다. 칠성신앙 속에는 치성광여래熾盛光如來나 일광日光보살, 월광月光보살 같이 불보살님들이 등장하기도 합니다.

다만 이렇게 다양한 교리와 신앙의 형태를 보다 근본적

인 불교의 관점에서 이해하고 일관된 신앙의 체계를 갖추는 것은 중요하다고 생각합니다.

잘 아시다시피 불교의 근본 신앙 대상은 삼보三寶입니다. 삼보야말로 우리 중생의 유일한 귀의처이자 안식처라는 데는 이론의 여지가 없습니다. 삼보에 대한 믿음이 얼마나 견고하고 깊은가에 따라 깨달음의 가부가 결정된다고 할 수 있습니다.

불교는 신神도 귀의시키는 종교입니다. 경전에 보면 수많은 신들이 삼보에 귀의하는 장면이 등장하지요. 절에 모셔진 여러 신들은 불법佛法을 옹호하고 사찰을 보호하며 삼보를 호지護持하는 호법신중들입니다. 신중에 대한 신앙은 신중의 역할이 제대로 자리 잡을 때 바른 믿음으로 연결될 수 있습니다.

사람들은 대상에 허둥대며 휘말리지만
그 본질에는 이르지 못한다.
차츰 새로운 속박을 가중시킬 뿐
등불에 떨어지는 나방처럼
보는 것과 듣는 것에 덤벼들며
사람들은 대상에 집착한다.

        우다나

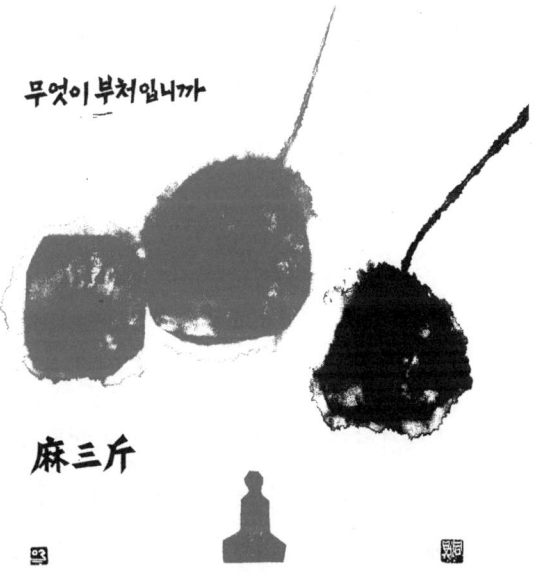

무엇이 부처입니까

麻三斤

14. 아이들에게 불교를 믿게 하자면 어떤 방법이 있습니까

"가족에게 불교를 믿게 할 수 있는 방법은 무엇입니까? 특히 아이들에게 불교를 전할 수 있는 좋은 방법을 알려주세요. 우리 아이들만큼은 불교를 꼭 믿게 하고 싶습니다."

자기의 종교적 믿음을 남에게 전하는 일은 쉬운 일이 아닙니다. 가까운 이웃과 가족들 먼저 포교하라고 하지만 남에게 하는 것보다 더 어렵다는 것을 느낍니다. 다른 종교인들처럼 믿음을 권하는 일에 불자들은 익숙해 있지도 않고, 또한 가족들 사이에는 다른 문제도 많이 얽혀 있기 때문이지요.

가족에게 포교할 때는 먼저 본인이 부처님 말씀을 잘 이해하고 실천하고 있는지 점검해야 합니다. 저는 가끔 누구를 위해 기도해야겠다는 분들을 만나면 우선 자기를 위해 기도하라고 합니다. 내가 바로 서고 확실해야 남을 위해 기도할 수 있습니다. 마찬가지로 자기 자신부터 부처님 가르침에 대한 확고한 신심이 있는지 살펴보는 것이 필요합니다.

또한 가정을 수행하는 도량으로 생각해야 합니다. 불교의 저변이 확대되지 못하는 이유 중 하나가 신앙과 생활이 분리되어 있다는 점입니다. 불교의 수행은 고요하고 깊은 산에서만 가능한 것이 아니고 영험한 기적(?)으로 증명되는 것도 아닙니다. 우리들 삶의 터전인 가정이 정법正法을 실천하는 도량으로 거듭나야겠지요. 말로만 좋다고 얘기하는 것이 아닌 몸과 마음의 정성을 모아서 가족들을 위해서 기도하고 염불하면 좋겠습니다.

아이들에게 불교를 전하는 일도 마찬가지입니다. 잘 아시겠지만 아이들은 부모를 가장 많이 접하면서 신뢰하고 따르고 배웁니다. 의외로 종교를 선택하는 동기나 계기가 모태母胎신앙인 경우가 많습니다. 그만큼 부모의 역할이 중요한 것입니다.

아이들에게 불교를 전하는 방법으로 두 가지를 말씀드리

고자 합니다. 우선 부처님께서 아들 라훌라를 출가시킨 후 깨닫게 하는 과정에서 보여 주신 방법입니다. 경전에서는 부처님께서 아직 어린 라훌라를 위해 '대야에 담긴 물'을 가지고 법문해 주시는 장면이 나옵니다. 부처님께서 아이들을 위해 말씀하신 대표적인 가르침이지요. 우리들도 부처님처럼 아이들에겐 아주 구체적으로, 예를 들어가면서 설명해 주는 것이 좋습니다. 일반적인 얘기보다 훨씬 효과가 좋습니다.

다음은 아이들을 위해 부모가 가정에서 부처님의 사섭법四攝法과 같은 가르침을 적용해 실천하는 것입니다. 사섭법은 대승불교에서 말하는 수행의 덕목 중 하나로 보시섭布施攝, 애어섭愛語攝, 이행섭利行攝, 동사섭同事攝을 말합니다. 부모가 아이들에게 베풀어 줄 수 있는 모든 것들을 베풀고(보시섭), 항상 칭찬하고 다정하게 진실한 말을 건네고(애어섭), 나의 어떤 행동이 아이들에게 이로울 것인가를 고민하면서(이행섭), 아이들이 하는 행동을 이해하고 동참해 준다면(동사섭) 아이들의 마음은 자연스럽게 부모를 따를 것이라고 믿습니다.

업연중생業緣衆生이라고 했나요? 가까이 있는 인연을 따

라가는 것이 사람의 모습입니다. 하루에 한 가지라도 가족을 위해, 아이들을 위해 구체적인 삶을 살아본다면 가족의 포교에 많은 도움이 될 것입니다.

흔히 사람으로 태어나기 어렵고, 부처님 법 만나기는 더욱 어렵다는 얘기를 합니다. 이 말을 뒤집어 보면 사람으로 태어나서 좋고, 부처님 법을 만나서 좋다는 의미일 것입니다. 모를 때는 몰랐지만 불교와 인연을 맺고 난 후 부처님 가르침이 너무 좋아서 여러 사람에게 알리고 싶은 분들이 있습니다. 특히 가족들에게는 더욱 그렇지요. 아직은 마음만 있는지 모르지만 꼭 용기를 내어 포교하라고 권해 드리고 싶습니다.

한 명의 불자가 다른 한 명에게 부처님 말씀을 전할 때 불교의 저변은 넓어지고 세상은 자비와 광명이 넘치는 것입니다.

포교란 것은
꼭 불교를 믿으라 권하는 것만 아니라
열심히 정진해서 그 정진의 밝은 기운으로
주위를 바르고 편안케 하는 것입니다.
이야말로 소리 없는 커다란 포교입니다.

　　　　　　　금강경독송회

삼계에 법이 없는데 어느 곳에서
마음을 구할까

15. 가족이 함께 할 수 있는 수행방법은 어떤 것이 있습니까

"가정에서 행할 수 있는 구체적인 방법은 어떤 것이 있을까요? 특히 집안의 가족들이 모두 함께 할 수 있는 보다 쉬운 수행방법을 알려주십시오."

불자에게 부처님 가르침이 제일 먼저 적용되어야 할 곳은 가정입니다. 현대는 매우 다양한 사회라 가족들의 종교도 제각각인 경우가 있습니다만 이왕이면 함께 신행할 수 있다면 좋겠지요. 가정에서는 가족들이 불자로서의 생활방식이 느껴지고 자연스럽게 불교를 받아들이도록 노력하는 방법이 중요합니다. 가정에서는 이론보다 행동으로 보여주어야 하니까요.

우선은 〈식사할 때 합장(合掌)〉을 해 보시는 건 어떨까요?

합장은 불교의식의 가장 기초가 되는 예법인데 합장이라는 간단한 의식을 통해 불교와 친숙해질 수 있습니다. 또한 합장의 행위에 자연스럽게 불교적 의미를 더할 수 있는 좋은 시간이 식사할 때입니다.

절에서는 식사하는 것을 공양供養이라고 하는데, 공양할 때 음식이 내 앞에 이르기까지 수고하신 모든 중생의 노력에 감사하는 마음을 갖도록 알리면 좋겠습니다. 농부들과 가공하고 수송하는 노동자들, 어머니, 주부의 노력 등 수많은 이들의 정성을 불교적 인연으로 이해하고 받아들이는 것이지요. 그래서 공양하기 전에 모두 함께 일심一心으로 합장하며 중생의 은혜에 보답하는 마음을 갖도록 합니다.

절에서는 공양하기 전에 외우는 공양게供養偈라는 의식문이 있습니다만, 합장하면서 마음속으로 '모든 중생에게 감사합니다' 라고 기도하는 것으로 대신해도 큰 무리가 없을 것 같습니다.

두 번째는 〈경전 한 구절 암송〉입니다. 불자가 불자다워지는 가장 좋은 방법은 부처님 가르침에 기초하는 것입니다. 가족들에게도 바른 불교의 모습을 보여주기 위해 경전을 항상 가까이해야 하는데, 불교인들이 가장 어려워하는 부분이 바로 경전 읽기입니다. 방대한 내용도 그렇지만 경전이 대부분 어려운 한문으로 되어 있어 엄두를 내지 못하는 분들이 많습니다. 그래서 많은 분들이 절에 와서 절하는 정도로 신행생활을 대신하고, 기도에 참석하는 정도로 의무를 다하고 있습니다. 그러다보니 불자들 중에는 신행의 목표와 삶의 지표가 불분명한 분들이 많습니다. '그저 그렇게 탈 없이 살자' 는 식이지요.

훌륭한 부처님의 가르침을 놔두고 그렇게 적당히 살아가는 것은 옳지 못합니다. 요즈음은 읽기 쉽게 만든 책이 많이 나와서 경전 읽기가 한결 좋아졌습니다. 한달 정도의 단위로 부처님의 가르침 중 자신의 마음에 특히 와닿는 구절을 골라 암송하고 거기에 맞춰 일상의 작은 목표를 갖는 것은 어떨까요? 부처님 말씀인 경전을 항상 생각하고 옆에 두어야 더욱 소중해 지고 유용하게 됩니다.

세 번째는 〈염불念佛하기〉입니다. 염불을 특별한 의식으로 생각하는 경향이 있는데 그렇지 않습니다. 살다보면 여러 가지 이유로 화가 나고 심지어 욕도 하지요. 그러나 그것이 버릇이 되면 입에 험한 소리가 붙어 다닙니다.

주변에 어린 학생들 입에서 듣기 민망한 상스러운 욕들

이 너무나 쉽게 튀어 나오는 것을 듣고 놀랍니다. 운전을 하다보면 자기도 모르게 욕을 합니다. 그런 말을 들으면 그 사람을 다시 쳐다보게 되는데 대개 평범하고 착하게 생긴 분들입니다.

말이 생각을 지배할 수도 있고, 말이 우리를 훌륭하게 만들 수도 있습니다. 농담삼아 "노는 입에 염불한다"고 하는데 이건 농담이 아니라 아주 좋은 수행법입니다. 화가 날 때나 욕을 하고 싶을 때 염불로 대신할 수 있으면 좋은 불자가 됩니다. 특히 아이들과 자주 부딪히는 어머니들이 그런 버릇을 들이도록 노력하셔야 합니다. '마하반야바라밀'도 좋고 '관세음보살', '나무아미타불'도 좋겠습니다. 좋을 때도 염불하고, 나쁠 때도 염불하면 나 자신도 모르는 사이에 입은 좋은 말로 가득차고 어느 날 훨씬 훌륭해져 있는 자신을 보게 되지 않을까요?

가족이 모두 함께 기도하며 항상 감사와 기쁨 속에 살아가는, 부처님의 가르침을 받아들여 생활하는 가정은 생각만 해도 행복해 보입니다. 그렇게 되도록 노력하는 불자가 되시기 바랍니다.

16. 타 종교인과 종교문제로 다투거나 갈등이 생길 때 그들을 어떻게 대해야 하는지요?

"부처님 오신날을 맞아 이웃 종교들의 축하메시지를 보며 마음이 흐뭇합니다. 그러나 실제의 삶에서는 종교적인 갈등이 많습니다. 종종 다른 종교를 믿는 이들과 종교문제로 말다툼을 하게 되는데 불자로서 어떤 입장을 가져야 하겠습니까?"

신문기사에 보이는 종교단체 간의 화합된 모습은 저절로 미소를 짓게 합니다. 크리스마스와 부처님 오신날, 서로 축하하는 현수막을 내걸고 서로의 종교시설을 방문하여 기쁨을 함께 나누는 것을 보며 마음으로 항상 박수를 보낸답니다.

그러나 종교단체 간의 화합된 모습이 단순히 종교인들 간의 친목도모를 위한 것은 아닙니다. 진정으로 서로를 이해하고 고통 받는 중생들을 위한 껴안기가 되어야겠지요.

1994년으로 기억되는데, 영국의 한 대학에서 세미나가 열렸습니다. 대부분이 기독교도인 400여 명이 모인 이날 세미나에서 강연한 분은 티베트의 달라이라마였구요. 그분이 말씀하신 강연의 주제는 '선한 마음(Good Heart)'이었고, 내용은 성경(Bible)의 4복음서에 나타난 예수님의 가르침이었다고 합니다.

불교의 위대한 정신적 지도자가 다른 종교의 경전을 공부하며 선한 마음에 대해 역설하는 모습에 많은 기독교인들이 감동했음은 말할 필요도 없습니다. 이 날 달라이라마는 "모든 종교의 목적이 외형적인 교세를 키우는 것이 아니라 각자의 마음속에 선함과 사랑의 교회와 절을 짓는 것"이라고 말하면서 "다른 종교가 지닌 가치와 필요성에 대해 더 많이 알면 알수록 우리 모두는 다른 종교를 더 깊이 이해하고 존중하며 인정하게 된다"고 얘기했습니다.

진정한 종교의 정신은 대립과 투쟁에서 나오는 것이 아니라 사랑과 자비로서 서로의 인격을 존중하는 데서 발휘됩니다. 그것이 또한 형제와 이웃, 지역과 민족들 사이에서 발휘되어야 하겠지요.

진정한 종교인이라면 바로 우리 주변의 모든 이웃들을

사랑과 온유한 마음으로 정성껏, 편안하고 겸손하게 대해야 할 것입니다. 종교는 저마다 각자의 이익을 추구하는 세속적인 가르침과는 구별되어야 합니다. 종교를 신앙하는 사람들이 보다 많은 사람들의 행복을 염원하는 모습을 보여주었으면 하는 바람을 항상 가지고 있습니다. 불교인들이 훨씬 더 노력해 주셨으면 합니다.

그러나 말씀하신 것처럼 아직도 우리 주변에서는 종교 간의 몰이해와 비상식적인 선교활동으로 눈살을 찌푸리게 하는 일이 많습니다. 특히 개신교 신자들의 경우가 그렇지요. 제가 군에 있을 때도 종교 기념일에 서로를 방문하면서 축하해 주는데 천주교과 불교의 교류가 많고 개신교와는 항상 긴장관계(?)를 유지했습니다. 신자들 중에는 신부님과 스님들이 독신이라서 서로를 잘 이해한다는 우스갯소리가 있었을 정도로 말입니다.

그런 모습을 보면서 개신교인들에게는 안타까운 마음을 갖습니다. 그 분들은 틈만 나면 개신교의 우월성을 얘기하는데, 마치 골목에서 아이들이 골목대장 노릇하듯 싸우고 막무가내로 자기 얘기만 합니다. 그러나 종교의 우월성은 종교 자체로 판단하기보다는 그 종교를 신앙하고 있는 사람들에게 달려 있다고 해도 과언이 아닙니다. 누가 더 자비한 마음과 포용력을 발휘하느냐가 중요합니다. 종교가 다르다고 헐뜯고 비방한다면 스스로 자기의 종교 수준이 그 정도밖에 되지 않는다는 것을 인정하는 격이 되는 것입니다.

저는 불자님들께서 불교에 대한 질문을 받게 되면 교리적으로 설명하기보다는 "불교를 믿어서 지금 행복하다"는 말씀을 꼭 해주라고 합니다. 그리고 "모르기 때문에 지금 열심히 공부하는 중"이라는 겸손의 말씀도 덧붙이셨으면 합니다. 중요한 것은 경험과 종교적 실천이지 책에서 얻는 관념들이 아니기 때문입니다.

생각과 가치관이 다르더라도 얼마든지 조화롭게 살 수 있음을 알려주시는 것도 좋은 방법입니다. 달라이라마의 말씀도 좋은 본보기가 될 것 같습니다.

17. 생활 속에서 수행하는 것이 쉽지 않습니다. 좋은 방법은 없는지요

"모든 중생은 불성을 가지고 있다는 가르침을 마음에 담고 기도도 하고 참선도 합니다만 마음대로 되지 않습니다. 번뇌 망상도 많이 일어납니다. 평소의 생활 속에서 수행하기란 쉽지 않은 것 같습니다. 좋은 공부 방법을 알려 주십시오."

일체중생실유불성一切衆生悉有佛性이라는 가르침이 처음 등장한 경전은 《열반경涅槃經》입니다. 열반경에서는 진주珍珠의 비유를 들면서, 불성은 번뇌에 덮여 있어 제대로 알지 못하지만 만약 번뇌를 제거하게 되면 본래의 불성이 드러난다고 설명합니다.

여기서 중요한 것은 불성은 존재하지만 번뇌를 제거하는 노력을 하지 않는다면 불성을 드러내기 어렵다는 점입니다. 그래서 경전에서도 중생의 불성은 인정하면서도 매우 어려운 문제임을 강조합니다.

불교에서는 중생들이 본래가 부처인 자신을 깨닫지 못하는 원인을 무명無明이라고 봅니다. 무명은 본래부터 있던 것이 아닙니다. 내가 나를 몰라서 생겨나는 것입니다. 어두운 방에 전등을 켜면 밝아지듯이 무명은 지혜만 있으면 저절로 없어집니다. 이러한 지혜를 얻기 위한 부단한 노력, 내가 나를 알아가는 노력을 수행이라고 합니다. 불성은 수행修行이라는 노력을 만나야만 그 가치를 알 수 있습니다.

그런데 불자님의 질문처럼 수행을 하려고 해도 잘 되지 않는 경우가 많습니다. 여러분들도 경험하셨겠지만 기도나 참선을 하다보면 온갖 번뇌 망상이 피어오릅니다. 집안일이나 가족문제, 심지어 예전에 있었던 이런저런 일 등이 수행을 방해합니다. 우리 같은 중생들에겐 어쩌면 당연한 일입니다.

여러 스님들의 가르침에 비추어 말씀드리면, 망상이 일어나는 때엔 그 망상을 떨쳐버리려 하지 말고 그것을 잘 들여다보셔야 합니다. 특히 참선할 때 그렇습니다. 망상을 잘 들여다보면서 이것들이 왜 내 몸 안에 저장되고 기억되어 있는지 생각해 보는 것도 좋습니다. 번뇌 망상을 없애려고만 하면 더 어려울 수 있습니다. 우스운 얘기지만 참선을 하다가 망상이 피어오른다고 해서 머리를 흔드는 분들이 있는데 그런다고 망상이 없어지겠습니까?

저는 망상이 일어나면 망상을 붙잡고 염불합니다. 관세음보살도 좋고 지장보살도 좋습니다. 신묘장구대다라니 같은 주력도 괜찮습니다. 내 마음 안에 있던 망상이라는 업덩어리가 염불을 통해서 관세음보살로, 또 지장보살로 변해 버렸으니 망상 대신에 불보살님이 자리 잡는 것이지요.

이런 노력은 많으면 많을수록 좋습니다. 몇 번 하다가 그만두어서는 안 됩니다. 한 번 하면 한 번 쌓입니다. 두 번 하면 두 번 쌓이고요. 한 번의 소원성취를 위해서 천 번 만 번의 쌓임이 있어야 하지 않을까요? 한 번의 깨달음을 위해서 수만 번의 망상과 싸워야 함을 알고 계십니까?

혹시 우리는 너무 쉽게 포기하고 너무 쉽게 결론을 내리는 것은 아닌지 반성해야 합니다. 가만히 있는데 어느 날 갑자기 소원성취가 우리에게 오지는 않습니다. 깨달음도 마찬가지죠. 복권 당첨을 바라듯이 불교 수행을 해서는 안 됩니다.

재가의 불자들이 일상의 삶 속에서 공부하고 수행하기란 쉬운 일이 아닙니다. 좋은 수행방법이 따로 있는 것도 아닙니다. 공부에 지름길이 없듯이 수행도 마찬가지입니다. 시간이 나거든 5분, 10분이라도 염불하고 참선하십시오. 그것은 모두 쌓여서 나에게 저축이 됩니다. 그 저축의 양만큼 내 죄가 없어지고 내 업이 가벼워질 것입니다.

종교생활의 참다운 모습은 평소에 얼마나 노력을 하는가에 달려 있습니다. 불교공부도 노력이 좌우합니다. 나이 들어서 수행하겠다고 하는 분들은 안 하겠다는 것과 같습니다. 시간 나면 하겠다는 분들도 그렇습니다. 내가 할 수 있을 때 한 번이라도 더 절하고 한 번이라도 더 기도하셔야지요. 지금 바로 이 순간에 말입니다. 미루면 모든 것이 업이 됩니다.

생활 속에서 자기를 점검할 수 있는 방법 세 가지

1. 남이 내게 무엇인가 주고 싶도록 내 마음을 비우고 남이 내게 절하고 싶도록 나라는 아상을 닦아야 한다.
2. 마음에 싫고 좋음이 남아 있으면 아직 재앙이 남아 있다는 증거다.
3. 남을 흉보는 것이 재미 있으면 자기 마음에 성내는 마음瞋心이 있는 것이다.

금강경독송회

봄이 오매 풀이 절로 푸르구나

18. 기도를 할 때는 어떤 마음으로 해야 하나요

"기도에 담을 내용과 기도하는 사람의 마음가짐에 대하여 알고 싶습니다."

일체유심조一切唯心造라고 했나요? 마음먹는 일은 아주 중요합니다. 불자님들께서도 어떤 마음으로 기도에 임해야 할지 생각해 보시기 바랍니다.

먼저 '나의 기도가 헛되지 않다'는 믿음이 있어야 합니다. 기도에 대한 확신이라고 해도 좋고, 신심信心이라고 해도 좋습니다. 기도를 하게 되면 반드시 가피력을 받는다는 믿음이 필요한 것이지요. '성취될까?' '안 될까?' '그냥 열심히 하지' 하는 등의 소극적이거나 부정적인 생각은 기도의 장애물입니다. 반면 긍정적인 마음은 지극하고 강하다는 장점이 있습니다. 불가사의한 힘으로 나타나기도 합니다. 그래서 마음이 한 곳에 모아지고 얼마나 집중하느냐에 따라 기도의 결과가 달라집니다. 긍정적이고, 진취적인 마음으로 기도에 임하셔야 합니다.

그러고 나서는 자기를 반성해 보는 일입니다. 보통 참회라고 하지요. 기도하는 내 자신이 얼마나 부처님의 가르침에 충실한지를 돌아보아야 합니다. 부처님의 소리를 듣지 않고 자신의 소리만 높이지 않았는지도 살펴야 합니다. 불자로서 부끄럽지 않게 행동하고자 하는 마음을 굳건히 하는 것이 바른 기도의 방법입니다.

자기반성이 없는, 자기만을 위한 기도는 바른 기도일 수 없습니다. 진정으로 불자이기를 원한다면 나만을 위해 기도했음을 부끄럽게 여기고 참회해야 합니다. 내 안에 들어 있는 욕심부터 비워내는 것, 바로 '마음 비우기'는 참회의 좋은 방법입니다. 기도는 '비는' 의미만 있는 것이 아니라 '비운다'는 의미도 있기 때문이지요. 그것은 기도의 아주 중요한 전제가 됩니다.

믿음을 갖고 반성을 했다면 이제 우리가 지녀야 할 마음은 베푸는 마음입니다. 기도의 공덕을 항상 누군가에게 베풀 수 있도록 마음먹는 것입니다. 가까이 있는 사람에게 먼저 시작해 보십시오. 미운 사람에게도 베풀어 보세요. 우리는 '주십시오' '들어주세요'라는 기도를 많이 합니다. 이제는 '베풀며 살겠습니다' '이해하며 살겠습니다'라는 기도도 많아졌으면 좋겠습니다. 이렇게 기도하게 되면 단순한 기복으로서의 기도가 아닌 자신을 돌아보고 마음을 닦는 수행의 기도가 가능해질 것입니다. 모두 마음먹기에 달렸습니다.

불자의 올바른 신행생활은 바른 믿음과 바른 이해, 바른 실천에서 비롯된다고 봅니다. 특히 불자들에게는 공부와 기도를 생활화하라고 강조하고 싶습니다. 우리가 생각하고 일을 할 때마다 부처님의 가르침에 비추어 보고, 그 가르침을 우리 행동의 기준으로 삼는다면 우리의 삶은 지금보다 분명 나아지리라 믿습니다. 기도하면서 공부를 게을리 하지 마십시오. 요즘은 불교교양대학도 많이 열리고, 좋은 법회도 많습니다. 부처님의 가르침을 바르게 공부함으로써 바른 기도생활도 가능해진다고 생각합니다.

이제 결론적으로 바른 기도에 대해 말씀드립니다.

소원성취의 기도는 부처님의 가피를 입는 것입니다. 부처님의 가피를 얻고 싶다면 부처님과 하나가 되는 과정이 필요합니다. 나의 욕심을 버리고, 부처님 가르침에 대한 확신을 갖고, 베풀면서 부처님을 닮아가는 것이지요. 나의 마음과 부처님의 마음이 하나가 되어 내 안에 있는 무한한 능력을 끌어내고 그것이 자기의 힘으로 발휘되면 분명 큰 힘이 되고 기도가 성취될 것입니다.

신행생활 중에 우리가 본래 지니고 있는 선근善根을 가꾸는 가장 좋은 방법이 기도가 아닐까 합니다. 기도를 하면 마음이 깨끗해지고 맑아집니다. 그리고 마음이 깨끗하고 맑아져야 지혜가 생깁니다.

주위를 보면 물질이 부족해서 불행하게 되는 경우보다 마음이 가난해서 불행하게 되는 분들이 훨씬 많습니다. 공부와 기도의 생활화로 마음을 가꾸는 불자가 되시길 바라며 그런 분들이 많아졌으면 좋겠습니다.

깊고 간절한 마음은 닿지 못하는 곳이 없다네

19. 성형수술을 생각해 볼 때가 있는데 불자로서 어떻게 해야 하는지요

"취업 준비생입니다. 요즘 사회는 실력보다는 외모로 사람을 평가하는 경향이 강합니다. 주위에서도 성형수술은 필수라고 하는데 이런 문제를 불자들은 어떻게 봐야 할까요?"

현재 우리가 살고 있는 사회에서는 보여지는 겉모습으로 사람들을 평가하려는 경향이 있는 것이 사실입니다. 능력과는 상관없이 생긴 모습으로 차별 받는다는 느낌이 든다고 할 정도니까요. 실제로 비정상적인 다이어트나 몸짱 만들기, 성형수술 같은 외모 가꾸기가 지나치게 유행하고 있습니다.

어느 신문기사를 보니 현재 서울의 어느 지역은 정작 위급한 환자들을 위한 외과나 내과 같은 병원은 줄어들고 있는 반면에 성형수술 병원은 1천여 개가 넘어설 만큼 호황을 누리고 있답니다.

자기를 아름답게 표현하려는 것을 무조건 비난할 수만은 없습니다. 더구나 심한 외상으로 인해 신체 조직이 망가진 경우나 선천성 기형같이 성형수술이 꼭 필요한 경우도 있습니다. 그러나 요즘같이 외모에 대한 무조건적인 콤플렉스나 획일적인 미인(?)의 기준을 가지고 무분별하게 행해지는 성형수술은 문제가 아닐 수 없습니다.

질문하는 분이나 대부분의 사람들은 누가 보기에도 정상적인 외모를 가지고 있는데도 말입니다. 더구나 근래에는 무리한 다이어트로 인한 사고, 성형수술 중에 과다출혈이나 쇼크로 인한 사망사고 등의 부작용도 많이 나타나고 있습니다.

저는 이런 현상들이 지금 이 시대를 살아가는 우리들의 잘못된 가치관에서 비롯된 것임을 지적하지 않을 수 없습니다. 비단 좋은 외모뿐만 아니라 권력이나 명예, 부를 갖기 위해 수단과 방법을 가리지 않는 사회의 현실이 안타깝습니다. 많이 가진 사람들, 많이 배운 사람들이 더욱 그렇습니다. 이것을 맹목적으로 쫓아가는 사람들도 그렇구요.

저는 아직도 많은 분들이 사람을 사귀거나 필요한 사람을 구할 때 외모보다는 실력과 품성을 보는 것이 두고두고 후회하지 않는다고 말씀하는 것을 자주 듣습니다. 개인적으로 만나는 분들 역시 외모 지상주의에 대해 대부분 부정적인 생각을 가지고 있습니다. 다만 우리가 많은 정보를 얻는 방송이나 언론매체 등이 사회의 한 부분에서 유행되는 풍조를 집중 보도함으로써 이런 흐름을 조장해 가는 경향이 문제인 것 같습니다.

부처님께서 기원정사에 계실 때, 얼굴이 못생긴 비구스님 한 분을 많은 사람들이 업신여기며 따돌린 적이 있었답니다. 그 사실을 안 부처님께서는 그가 이미 아라한의 경지에 오른 수행자임을 상기시키면서 겉모습이 아무리 잘났어도 번뇌를 끊고 도道를 이룬 것에는 비할 수 없다고 하셨습니다. 이때 부처님께서는 "공작새가 비록 겉모습은 화려하지만 기러기나 고니처럼 하늘 높이 날지는 못한다"는 비유로써 어리석은 대중들을 일깨워 주십니다.

기독교의 성경에도 "아름다운 여인이 삼가 조심하는 마음이 없다면 이는 마치 돼지 코에 금고리가 걸려 있는 것과 같다"는 비유로 외모 지상주의를 경계하고 있습니다.

진정으로 아름다운 사람이 되고 싶거든 내면에서 우러나오는 아름다운 향기, 아름다운 마음을 소중히 여겨야 합니다. 일상생활 속에서 순간순간 자기를 돌아보며 부지런히 내면을 가꾸는 데 노력합시다. 그것이 외모가 잘났기 때문에 교만해져서 사람이 갖추어야 할 덕성을 갖지 못한 것보다는 차라리 못생겨도 스스로 겸손하고 아름다운 미덕을 갖추는 것이 낫다는 불교의 가르침에도 맞는 일입니다.

 기도하고 수행하는 것은 마음을 가꾸는 일입니다. 어쩌면 우리에게 성형수술이 필요한 곳은 얼굴이나 몸이 아니라 마음인지도 모르겠습니다.

진리를 보는 자는 진리를 보는 다른 사람을 알아보며
또한 진리를 보지 못하는 사람도 알아본다.
그러나 진리를 보지 못하는 자는
진리를 보는 다른 사람을 알아보지 못하며
또한 진리를 보지 못하는 사람도 알아보지 못한다.

테라가타

구름은 하늘에 있고
물은 단지속에 있다

20. 사주나 운세를 봐도 되는지요

"운명을 어떻게 받아들여야 하나요? 힘들고 어려울 때는 운세나 사주 같은 것에 관심이 갑니다. 살아가면서 참고적으로 볼 수 있다고 합리화도 합니다. 조언을 부탁드립니다."

많은 사람들은 운명을 '언젠가 닥칠 정해진 일'이라고 이해합니다. 그러나 저는 운명이란 말을 고정적인 것이 아니라 변화의 가능성으로 이해하고 있습니다. 한문의 운運자가 움직인다는 뜻도 있는 것처럼 정해진 것이 아니라 움직이고 있다는 것이지요. 다시 말하면 운명은 내부적인, 혹은 외부적인 작용에 따라 얼마든지 바뀝니다. 문제는 어떤 작용이냐 하는 것인데, 보통의 사람들은 이것을 부적이나 사주, 운세로 대신하려고 합니다.

신년운세나 사주에 관심을 갖는 것은 지금의 상황을 좀 더 나은 쪽으로 바꾸어 보려는 마음의 작용입니다. 현재의 상황이 잘 풀려가는 사람들은 사주나 운세에 별 관심이 없습니다. 그렇다면 결국 지금의 일이 잘 풀리지 않기 때문에 그런 것에 의지하는 것인데, 일이 잘되고 안 되고는 전적으로 자기 하기에 달려 있습니다.

지금 내가 어떤 마음으로 무슨 일을 하는가에 따라 나의 미래가 펼쳐지는 것이 아닐까요? 행복은 어디에 있습니까? 소원성취는 어떻습니까? 내가 타고난 사주팔자에 있을까요? 아니면 점집에서 써주는 부적에 있을까요? 부적에 성공이 있다면 누구나 성공해야 합니다. 누구나 부적을 가질 수는 있으니까.

그러나 현실은 그렇지 않습니다. 행복을 바라는 마음이야 인지상정人之常情이므로 탓할 순 없지만 그런다고 운세나 사주에서 행복을 찾을 수는 없습니다. 행복해지려거든 지금 행복해지는 일을 하면 됩니다. 돈이 많은 부자가 되고 싶거든 부지런히 일하고, 적은 돈이라도 저축해야지요. 건강해지고 싶거든 운동하고 음식을 잘 조절하고 술, 담배를 멀리하면 됩니다. 성공하고 싶거든 남들이 쉴 때, 남들이 놀고 있을 때 열심히 일해야 합니다. 이것이 행복을 부르는 가장 확률이 높은 일이고 인생을 역전시킬 수 있는 가장 확실한 방법입니다.

어리석은 사람들은 부자만 좋아했지, 그 부자가 어떤 노력을 통해서 부자가 되었는지에 대해선 잘 모릅니다. 행복을 얻는 가장 쉬우면서 현실적인 방법은 제쳐두고 운세나 사주에 매달린다면 우리가 원하는 것은 점점 멀어질 것입니다.

사주나 운세가 살아가는 데 참고로만 쓰인다면 얼마나 좋겠습니까? 그러나 인간의 어리석음은 거기에 자신의 운명을 맡겨버리는 잘못을 범합니다. 인생은 스스로 그 가능성을 성취해 갈 때 의미가 있습니다.

부처님 가르침의 근본은 인과법因果法에 있습니다. 인과의 법칙은 흔히 생각하는 운명론과는 다릅니다. 보통의 사람들이 생각하는 운명이 우리의 의지와는 상관없이 기계론적으로 그렇게 될 수밖에 없다는 것인 데 반해 부처님의 인과는 마음먹기에 따라 얼마든지 변화가 가능하다고 봅니다.

오래 전부터 사람들은 다가올 미래에 대한 불안감으로

인해 어떻게든 미래를 예측해 보려고 했을 것입니다. 그런 노력이 사주나 운세 같은 방법으로 만들어진 것이지요. 물론 통계학에 기초를 둔 학문의 일종으로 생각한다면 나름대로의 의미는 있습니다.

그러나 미래의 일은 우리의 노력 여하에 따라서는 얼마든지 예상할 수 있고 바뀔 수 있습니다. 만약 우리의 주된 관심사가 다가올 미래에 대한 예측에만 머문다면 자연히 사주나 운세에 솔깃하게 됩니다. 하지만 우리가 바른 지혜로써 자신의 운명을 바꾸기 위해 노력한다면 자연스럽게 참회하고 정진하는 수행에 힘을 쏟게 됩니다.

불교는 정신의 개조를 통한 새로운 자아自我의 발견과 자아의 가능성을 성불成佛이라는 목표의 완성을 위해 정진하는 종교입니다. 그것은 지금까지의 생각과 가치관을 바꾸는 근본적인 일입니다.

낡고 어리석었던 생각에서 벗어나 새롭게 탄생하는 자신을 위해 열심히 정진합시다.

21. 아이들을 위한 '입시기도' 어떻게 해야 하나요

"절에서 수능 입시기도를 하려고 합니다. 수능시험이 다가올수록 자꾸 마음이 초조해지는데, 내 아이만을 위하는 기복의 기도가 옳은 것인지 모르겠습니다. 어떤 마음으로 기도에 임하면 좋을까요?"

올해도 어김없이 입시철이 다가옵니다. 말씀하신 것처럼 제가 있는 절에서도 매년 수능시험을 위한 백일기도를 올립니다. 입시지옥이란 말도 있듯이 입시 때가 되면 나라 전체가 열병을 앓습니다. 수험생 본인들이야 말할 것도 없고 부모와 형제 등 주변 분들도 보통 이상의 스트레스에 시달린다고 합니다. TV를 제대로 보지 못하는 것은 기본이고, 가야 할 곳도 나중으로 미루어 버립니다. 뭘 먹어도 소화가 잘 되지도 않는다지요.

우스운 얘기지만 한국의 불자들은 이때쯤이 가장 신심信心이 강하다고 합니다. 평소에 절에 잘 다니지 않던 분들도 염주 하나 정도는 넣고 다니며 자녀들의 대학 입학을 염원합니다. 말만 들어도 엄두가 나지 않던 3천배도 해냅니다. 좋은 기도처와 영험이 있는 곳은 꼭 다녀올 정도로 열심입니다.

그런데 이렇게 힘들고 어려운 시간을 지내다 보면 평상심平常心을 잃기가 쉽습니다. 더구나 입시기도와 같이 평소에 잘 하지 않던 기도는 날짜가 가까워 올수록 자꾸 조바심이 나고 어쩔 줄 몰라 합니다.

기도를 마치고 집에 갔는데 아이들이 공부는 안 하고 놀고 있는 걸 보기라도 한다면 "누구 때문에 이렇게 열심히 기도하는데 공부는 안 하고 뭐하고 있어?" 하고 야단칩니다. 속상하고 원망하는 마음도 생깁니다. 여러분들도 한번쯤 경험해 봤을 것입니다.

불자는 상구보리 하화중생上求菩提 下化衆生해야 한다고 배웁니다. 저는 위로는 부처님의 마음과 교감하고, 아래로는 아이들의 마음과 대화해야 한다고 생각합니다.

기복祈福의 기도가 불교의 본질과는 거리가 있다고 얘기

합니다만 우리는 사람이기에 이성적인 판단에 앞서 가슴에서 가슴으로 전할 수 있는 마음도 필요한 것이 아닐까요? 아버지와 어머니들이 열심히 기도하는 모습은 힘들고 외롭게 공부하고 있는 아이들에게 마음을 전달하는 방법입니다.

기도는 성취하는 것을 목표로 하지만 점점 마음이 편안해지는 것도 방편으로 좋습니다. 처음에는 내 자식만을 위해 시작한 기도지만 결국 모든 수험생들을 위한 기도로 나아가게 됩니다. 합격만이 전부였던 기도가 점차로 내 아이들을 이해하고, 아이들을 위한 애틋한 기도로 바뀌어 갑니다. 그래서 기도하고 있는 자신이 언제부턴가 수행하고 있는 불자로 변해 가고 있다는 것을 알게 됩니다.

불교적으로 소원 성취는 부처님의 가피를 받는 것이라고 할 수 있습니다. 대학 합격과 같은 기도의 경우도 마찬가지입니다. 질문하신 불자님은 기복의 의미를 부정적으로 사용하셨는데, 기복의 기도가 꼭 나쁘다고 할 수만은 없습니다. 종교인이 되기 위한 출발은 기복으로 시작하는 경우가 많고, 또 무엇인가를 빌고 있을 때 순수한 자신의 모습을 발견할 수도 있으니까요. 그러나 기복에서만 머물 수는 없습니다.

불교에서는 신앙 대신에 신행信行이라는 말을 좋아합니다. 어딘가를 바라보기만 하는 것이 아니라 스스로 성취해 가는 종교적 의미가 강한 말입니다. 입시기도도 마찬가지로 신앙으로가 아닌 신행으로 접근해 보시면 어떨까요?

어느 절 입구에 '기도하면 행복해집니다' 라는 현수막이 걸려 있습니다. 지나면서 볼 때마다 참 좋은 말이라는 생각을 합니다.

사실 기도를 하는 것은 종교생활의 기본입니다. 기도는 자신의 생활을 살필 수 있는 지혜를 주고, 정리되고 준비된 마음을 통해 자신감과 편안함을 줍니다. 선업善業을 쌓고 선근善根을 심는 가장 쉬운 방법입니다. 설사 그것이 복을 받기 위해서든, 아니면 마음의 안정을 위해서든 말이죠. 기도를 하다보면 자신도 모르게 마음이 깨끗해지고 지혜도 생겨나거든요. 당당한 불교인으로 거듭나기 위해서라도 기도는 꼭 필요합니다.

22. 천도재에 대해 잘 몰라서 지내기가 망설여집니다. 자세히 알려 주세요

"다니고 있는 절에서 천도재를 지내면 좋다고 권합니다. 조상들과 집안에도 좋고 하는 일도 좋아진다고 해서 모시고 싶은데 비용도 만만치 않고 천도재가 뭔지도 잘 몰라서 망설여집니다. 조언을 부탁드립니다."

우선 천도재에 대해 간단히 설명하겠습니다. 천도재薦度齋는 죽은 이의 영혼을 좋은 곳으로 모시는 불교의 재례齋禮 의식입니다. 좀 더 의미를 확대하면 죽음과 관련된 불교의 의례를 통틀어서 천도재라고 하기도 합니다. 영가靈駕가 생전에 지었던 악행惡行이나 원통하고 응어리진 관계 등을 없애주어 청정한 마음을 회복하고 좋은 곳에 태어나도록 돕는다는 뜻을 지니고 있습니다.

저는 신도님들에게 영가들을 '추천薦하여 인도度한다' 는 말로 천도재를 설명하고 있습니다.

잘 아시다시피 불교의 세계관은 끝없는 인과, 인연의 관계인 윤회輪廻를 말합니다. 그렇기 때문에 죽음도 끝이 아닌 삶의 연속으로 이해합니다. 좀 어렵게 표현하면 생사불이生死不二, 생사일여生死一如와 같은 가르침이 되는 것인데, 어쨌든 생과 사를 구별하지 않는 것이 불교의 정신입니다. 이것은 불교의 중생 구제라는 가르침이 죽은 다음에도 이어진다는 것을 의미합니다.

불교에서는 영혼이 육신을 지니고 있지 않기 때문에 살아 있을 때보다 훨씬 총명하다고 합니다. 그래서 진리에 대한 가르침을 설해 주면 생전보다 훨씬 빨리 받아들이고 이해한다고 하지요. 재의 내용도 영가에게 무상계無常戒나 금강경金剛經, 아미타경阿彌陀經 같은 경전을 읽고 설해서, 죽음이 누구나가 맞는 일상의 현상이므로 원통해 하거나 안타까워할 것이 아니라 부처님의 바른 가르침을 따라 깨닫고자 하는 보리심菩提心을 발하게 해서 극락세계에 왕생往生하도록 권하는 의식으로 채워져 있습니다.

다시 말해서 천도재는 영가 스스로가 마음을 바꾸고 고치도록 도와주는 것입니다. 그것이 가능한 것이 부처님의 법이지요. 부처님 전에 공양물을 올리고 기도한다고 해서 바로 극락으로 가는 것은 아닙니다.

질문처럼 특히 많은 분들이 천도재에 대해 궁금해하고 문의가 많습니다. 그러다 보니 이것을 악용하는 경우도 있습니다. 무속인들이나 언론에 의해 보도되는 사례처럼 일부 절에서는 무분별하게, 또 정도를 넘어선 천도재를 권하면서 마치 모든 일이 천도재만 모시면 해결될 것처럼 얘기합니다.

결론적으로 얘기하면 그렇지 않습니다. 영가 천도가 깨달음의 종교인 불교의 근본 가르침은 아닙니다. 그러나 공덕과 지혜가 모자라는 불자들에게 있어 좋은 방편임에는 틀림없습니다. 천도를 하면서 담당하는 사람들이 청정한 마음을 가지고 정성을 기울여 봉행하면 그 자체가 깨달음의 길로 이어질 수 있다고 생각해야 합니다. 또 갈 길을 잃고 방황하는 영가들을 좋은 세상으로 인도하는 것은 나와 내 주변을 편안케 하는 수행이 될 수도 있습니다.

종교가 잘못되는 것은 믿음에 대가를 구하거나 신앙을 마치 거래하듯이 할 때입니다. 불공을 드리는 것과 천도재 등을 지내는 것도 마찬가지입니다. 천도재를 공덕을 짓는 불사로 생각하십시오. 공덕을 짓는 데 꼭 돈이 필요한 것은 아닙니다. 얼마든지 형편대로, 정성껏 할 수 있습니다. 합동 천도재에 동참하는 것도 좋은 방법입니다.

해마다 음력으로 칠월 백중이면 절에서는 합동으로 영가 천도재를 봉행합니다. 특히 이 날은 전통적으로 효孝를 강조해 온 우리나라에서 부모님이나 조상님들을 위해 정성으로 천도재를 모시는 불사를 행합니다. 불교에서도 백중은 부처님의 일생과 관계된 4대 명절과 함께 중요한 날로 여기거든요.

백중 행사가 왜 필요한지, 어떤 공덕이 있는지를 이번 기회를 통해서 알아보시면 천도재가 무엇인지 이해하기 좋을 듯합니다.

23. 불교에도 여러 종파가 있다고 합니다. 그 이유가 무엇인지요

"처음 절을 선택하는 불자들은 종단이 무슨 의미인지 잘 모릅니다. 혼란스럽기도 하구요. 얼마 전 T.V에 방영되었던 일산의 한 사찰처럼 잘못된 포교를 하는 절은 소속 종단이 아니라도 불교 전체의 이미지를 훼손하는 것 같아서 안타깝습니다."

먼저 간단하게 종단의 유래와 의미에 대해 알아보겠습니다.

우리나라에는 조계종을 비롯해서 많은 불교 종단이 있습니다. 종단협의회에 등록된 30여 개의 종단과 그 정도 숫자의 미등록 종단까지 합하면 약 80여 개를 상회하는 종단이 있다고 합니다. 이 중 알려진 종단으로는 조계종, 태고종, 천태종, 진각종, 관음종, 총지종, 법화종, 원효종, 보문종 등을 들 수 있는데 대부분 근래에 생겨난 종단들입니다.

같은 종파宗派의 가르침을 수행하는 집단을 종단宗團이라고 합니다. 그래서 종파라는 용어를 먼저 이해하셔야 합니다.

한국 불교의 종파는 역사적인 측면에서 중국 불교의 영향을 많이 받았습니다. 중국의 불교는 인도의 불교처럼 일정한 시기를 두고 차례대로 교리나 사상이 발전한 것이 아니라 인도에서 발전한 대승大乘과 소승小乘의 경전들이 뒤섞여 유입되었습니다. 그래서 중국인들은 과연 어느 경전의 가르침이 불교의 본질인가에 대한 의문이 생겼죠.

이와 같은 시대의 요구에 따라 그 당시의 훌륭한 고승 대덕 스님들에 의해 불교 교학의 사상적 체계가 세워지는데 그에 따라 성립된 것이 중국 불교의 종파입니다.

이 종파들은 나름대로의 경전 해석을 바탕으로 교단의 조직을 세우고 수행 체계를 만들었습니다. 그래서 천태종, 화엄종, 삼론종, 법상종, 율종 등의 종파가 생겼습니다. 이러한 중국 불교의 종파가 한국과 일본에도 커다란 영향을 준 것입니다.

우리나라에 불교가 전래된 시기는 남방이나 다른 지역에서 직접 들어왔을 가능성도 있지만 아직은 삼국시대로 보는 것이 유력합니다.

우리나라 불교는 대부분의 교학과 사상을 중국을 통해서 들여왔지만 나름대로의 독창성과 주체성을 지니고 있었습니다. 불교를 단지 외래 종교로 받아들인 것이 아니라 민족의 주체적인 종교로 승화시킨 것입니다. 그 중 한국 불교의 가장 큰 특징이라면 통불교通佛敎의 전통을 들 수 있는데, 통불교란 서로 다른 교학의 사상을 정리하고 융합시키는 것입니다.

이러한 전통을 세운 대표적인 분이 신라의 원효스님 같은 분이지요. 스님은 화쟁和諍의 논리로 중국 종파불교의 한계를 극복했습니다. 이 전통은 고려의 의천스님이나 지눌스님, 조선의 휴정스님에게 이어져 지금에 이르고 있습니다. 오늘날 한국 불교가 통불교의 전통으로 선禪과 교敎, 염불念佛, 진언眞言수행을 함께 하고 있는 이유가 여기 있습니다.

불교에 처음 입문한 불자들은 신행 활동의 공간으로 절을 선택합니다. 가급적이면 좋은 절을 찾으려고 하지만 쉽지 않다고 합니다. 그래서 요즘은 절이 속해 있는 소속 종단을 보고 선택하는 분들도 있습니다. 그런데 불자님처럼 많은 분들이 절 이름 앞에 붙어 있는 종단의 이름이 하도 여러 가지여서 혼란스럽다고 얘기합니다.

얼마 전에 텔레비전에 방영된 모 종단 소속 사찰의 일은 불교도의 한 사람으로서 참담하고 어처구니없는 사건이었습니다.

시대마다 혹세무민惑世誣民하는 종교가 있지만 그것이 버젓이 불교의 이름을 띠고 있어서 안타깝습니다. 이번 사건을 계기로 각 종단은 종도宗徒들 관리에 더욱 힘써야 할 것입니다. 잘못된 지도와 그에 따른 그릇된 신행은 불교 전체를 뒤흔들 수도 있으니까요.

24. 법회 일자와 내용은 사찰마다 정해져 있는 것인지요

"사찰마다 법회를 하는 날짜가 차이가 있는 것 같습니다. 또 스님들께서 법문을 하시는 경우도 있지만 그렇지 않은 경우도 있습니다. 법회에 대해서 알려 주세요."

부처님의 가르침을 설하고 듣는 모임을 법회라고 합니다. 넓은 의미에서는 아침과 저녁으로 행해지는 예불禮佛에서부터 각종 재일齋日이나 불보살상의 점안點眼, 법당의 낙성落成, 계를 받는 수계식受戒式 등 부처님의 가르침과 관련된 모든 일을 말하기도 합니다.

법회는 부처님께서 제자들에게 가르침을 설하던 것에서부터 출발합니다. 그러다가 불교가 여러 지역으로 전파되면서 나라와 시대에 따라 여러 형태로 발전하게 되었지요.

부처님 당시에는 공양을 받고 베풀던 법회가 많았고 중국에서는 부처님 탄생일 같은 축제와 나라에서 주관하는 큰 법회가 많았다고 합니다. 우리도 삼국시대에서부터 고려시대까지는 많은 법회가 빈번하게 이루어졌다가 조선시대에는 불교를 억압하는 정책으로 규모와 횟수가 많이 줄었습니다.

법회는 정기적인 법회가 있고 특별하게 행하는 법회가 있습니다. 매달 같은 날에 여는 정기법회는 전통적으로 10재일이라고 해서 각 재일에 특정한 불보살님들을 결합하여 의미를 부여했습니다.

1일은 정광불, 8일은 약사, 14일은 보현, 15일은 아미타, 18일은 지장, 23일은 대세지, 24일은 관음, 28일은 노사나, 29일은 약왕, 30일은 석가재일 같은 경우입니다. 10재일은 부처님 당시에 보름마다 포살일布薩日이라고 해서 자신의 허물을 대중들 앞에서 고백하고 참회하는 의식에서 유래되었다고 봅니다.

《지장보살본원경地藏菩薩本願經》에는 "10재일은 모든 죄를 모아 그 죄의 무겁고 가벼움을 결정하는 날이다. 10재일에 불보살 앞에서 정진하라"는 내용이 있는데 이와 같이 재일은 단순히 부처님을 믿는 것으로 신행생활을 하는 것이 아닌 불자들이 직접 수행하는 정진일精進日의 성격이 강했습니다.

10재일 중에서 사찰마다 약간씩 차이가 있지만 일반적으로 불자들이 참여하는 법회는 매달 1일, 8일, 15일, 18일, 24일 정도입니다. 우리나라에서는 특히 18일의 지장재일과 24일의 관음재일이 많이 지켜지고 있습니다.

그러나 요즘은 우리 사회가 현대화되고 도시화되다 보니 음력에 맞추어 법회를 하기 어려워졌습니다. 그래서 일요법회, 수요일 저녁법회, 성지순례 법회, 수계법회, 수련법회 등 요일이나 특정한 날짜, 행사에 맞춰 법회를 열고 있습니다. 방학이나 휴가를 이용해서 법회를 열기도 하구요.

질문처럼 법회의 가장 큰 특징은 법사스님들의 법문法門입니다. 예전에는 기도와 축원만으로 법회를 대신했고, 출가한 스님들 사이에서 주로 이루어졌던 법문이 요즘은 일상화되어 가고 있습니다.

지금 불교가 이 정도로 활성화되고 널리 알려지는 데는 법문이 중요한 역할을 했습니다. 법문의 내용이 재미있고 알차면 그것은 곧바로 포교로 이어지니까요. 성철스님께서 해인사의 초대 방장으로 추대되었던 시절에 행하셨던 '백일법문百日法門'은 유명하기도 하고 지금까지 큰 영향을 끼치고 있습니다.

법회法會란 글자 그대로 '법의 모임'이라는 뜻입니다. 우리 불자들에게는 가장 거룩한 모임이지요. 누가 뭐래도 불자들의 가장 기본적인 신행활동은 법회에서부터 시작되어야 합니다. 부처님의 가르침이 설해지고 널리 전파되는 자리이기 때문입니다.

예전에 우리 불자들 신행생활의 중심이 단순히 복을 비는 기복적인 기도에 있던 적이 있었습니다만, 이제는 부처님 가르침을 직접 느끼며 공부하는 법회에 맞추어야 합니다. 참된 부처님의 가르침을 알기 위해선 법회가 활성화되고 불자들이 법회에 자주 참여하는 것이 꼭 필요하다고 생각합니다.

25. 불교에서 108이라는 숫자에는 어떤 의미가 있나요

"백팔 번뇌에서 말하는 108이라는 숫자에 대해서 알고 싶습니다. 백팔 배, 백팔 염주, 백팔 참회도 같은 의미의 숫자인가요? 불교에서는 숫자로 표현하는 가르침이 유난히 많은 것 같은데, 특별한 이유가 있습니까?"

108이라는 숫자를 이해하기 위해선 먼저 불교에서 말하는 번뇌의 개념을 알아야 합니다. 그리고 108에 대한 설명도 여러 가지가 있는데 두 가지만 말씀드리겠습니다. 단순한 질문 같지만 답변은 대단히 복잡하고 어렵습니다.

먼저 불교에서 번뇌는 우리의 몸에 있는 감각기관이 어떤 외부의 대상과 접촉함으로 생겨난다고 합니다. 사람들이 가지고 있는 감각기관은 6가지가 있는데, 불교에서는 6

근根이라고 해서 눈眼, 귀耳, 코鼻, 혀舌, 몸身, 마음意으로 설명합니다. 이 6근은 저마다 접촉하는 대상이 있는데, 이렇게 6근이 대상과 접촉하면서 우리의 심리 작용, 행동 작용이 생기는 것이지요.

그 대상을 6경境이라고 하는데 색깔이나 형태色, 소리聲, 향기香, 맛의 요소味, 촉감의 요소觸, 마음으로 파악되는 원리法 같은 것입니다. 6근과 6경이 접촉하면서 상호작용으로 번뇌가 일어납니다.

6근의 상호작용은 '좋다好' '나쁘다惡' '좋지도 않고 나쁘지도 않다無記'라는 판단으로 나타납니다. 여기에서 18가지의 번뇌가 생깁니다($6 \times 3 = 18$). 반면에 6경은 '괴롭다苦' '즐겁다樂' '괴롭지도 즐겁지도 않다捨'는 세 가지 감정을 일으킵니다. 여기에서도 18가지의 번뇌가 일어나지요($6 \times 3 = 18$). 6근과 6경의 36가지 번뇌가 과거, 현재, 미래의 삼세에 걸쳐 모두 108가지의 번뇌를 일으킨다는 것이 간단한 백팔 번뇌 내용입니다($36 \times 3 = 108$).

다른 설명은 부파불교 시대에 등장한 아비달마阿毘達磨 교리의 부분인데, 전문적이고 학술적이라 무척 어렵습니다. 여기에서는 인간의 잠재적인 98가지의 번뇌와 표면적으로 나타난 10가지의 번뇌를 더하여 108번뇌를 말합니다.

잠재적인 번뇌를 수면隨眠이라고 합니다. 수隨란 항상 중생을 따라 일어나 마음을 어지럽게 만든다는 뜻이며, 면眠이란 그 작용이 너무 미세하여 알기 어렵다는 뜻입니다. 번뇌가 우리들 마음의 표현으로 겉으로 드러나기도 하지만, 대개의 번뇌는 마음 깊은 곳에서 부정적인 성격이나 장애로 잠재하고 있다가 기회가 있을 때마다 드러난다는 것입니다.

아비달마의 학자들은 이 수면을 생존본능을 일으키는 근본이라고 했고, 악을 일으키는 근본이라고도 했지요. '번뇌의 근본' 정도로 이해하면 되는데 모두 98가지가 있다고 합니다.

질문하신 것처럼 불교에서는 많은 번뇌를 표현할 때 흔히 팔만사천 번뇌, 백팔 번뇌를 얘기합니다. 8만 4천이라는 숫자는 상징적 표현이지만 너무 막연한 것이 사실입니다. 이에 반해서 108이라는 숫자는 말씀드렸듯이 상당히 체계적인 교리 연구의 결과물이라고 할 수 있습니다. 어쨌든 108이라는 숫자는 중생들이 갖는 모든 번뇌를 상징적으로 표현한 말입니다.

절은 번뇌를 제거하기 위한 수행법이자 참회의 구체적인 방법입니다. 번뇌를 끊는 것이 불교적 수행의 목표라면 백팔 번뇌를 제거하는 데 백팔 배와 참회는 꼭 필요한 것입니다. 이렇게 백팔 배나 백팔 참회의 108은 백팔 번뇌의 108과 같은 의미입니다.

다른 종교나 철학, 사상에서도 그렇겠지만 유난히 불교에서는 숫자와 연관된 가르침이 많습니다. 3법인三法印, 4성제四聖諦, 6바라밀六波羅密, 8정도八正道, 12연기十二緣起 같이 숫자로 된 교리가 많지요. 이것은 특별한 이유라기보다 현실적인 측면이 반영된 것입니다.

불교가 발생한 인도는 원래 수학이 발달된 곳입니다. 지금 우리가 쓰고 있는 아라비아 숫자도 인도에서부터 출발했으니까요. 많은 사람들은 숫자로 표현되는 부처님의 가르침을 쉽게 받아들였을 것입니다.

법수法數라 불리는 이 숫자들은 불교가 일반 대중에게 합리적이고 체계적인 가르침을 펴는 데 많은 공헌을 했을 것으로 여겨집니다.

26. 불자라면 누구나 수계법회에 참석하고 법명을 받아야 하는지요

"수계법회에 참석해 법명을 받았습니다. 아직 초보불자라 법명의 뜻이 너무 어렵고 무거워서 부담스럽게 느껴집니다. 법명은 다 받아야 하나요? 바꿀 수도 있는지요? 아울러 불교의 입문과정에 대해서도 알려 주십시오."

처음 불교에 들어오고자 하는 분들의 불교 입문과정은 생각처럼 특별한 절차가 있지는 않습니다.

부처님 당시의 인도사회는 철저한 계급사회였음에도 불구하고 불교에서는 출신이나 가문, 학벌, 지위고하에 상관없이 삼귀의三歸依의 발원과 생활규범, 가치관의 기준으로 삼을 계율을 받으면 그것으로 입문과정은 충분했지요. 또한 그렇게 입문한 사람들은 같은 길을 가는 수행자, 불자로서 도반道伴이라 부르며 서로 존중하고 격려하면서 수행에 힘썼습니다.

그러나 지금의 사회는 예전과 많이 달라졌습니다. 산업화와 도시화의 폭넓은 진행이 생활환경은 물론, 불자들의 신행생활 지도에도 큰 변화를 주었습니다. 그래서 사찰에서도 많은 신자들을 효율적, 체계적으로 관리하기 위해서 다양한 신도 교육 체계를 갖춘 것입니다.

절마다 차이는 있겠지만 보통은 먼저 일정기간 기본교육을 받고 수계를 받습니다. 불자님들께서는 다니기 좋은 절을 선택하고 신도등록을 하면 입문교육 등에 대한 자세한 안내를 받을 수 있습니다.

제가 당부 드리고 싶은 것은 다니기 쉽고 편한 절이 훨씬 좋다는 점입니다. 불자의 신행생활은 정기적인 기도와 법회 참여가 필수적인 만큼 가기 쉬운 곳을 선택하는 것이 중요합니다.

수계를 받을 때에는 법명法名도 같이 받게 됩니다. 법명에 대해서도 설명이 좀 필요하겠네요. 법명은 불자, 즉 부처님의 제자로서 새로운 삶을 서원誓願하면서 받는 이름입니다. 부처님의 가르침에 귀의한 사람이라는 뜻입니다. 사람이 세상에 태어나면 이름을 짓듯이 불교에 입문하고 수계를 받게 되면 새로운 이름, 즉 법명을 받는 것입니다. 법명은 출가한 스님들과 재가 불자 모두 받습니다. 스님들은 행자생활을 마치고 사미(니)계를 받을 때 법명을 받지만 그 전에 은사스님께 받는 경우도 있습니다. 재가불자들은 오계나 보살계 수계법회를 할 때 받는 것이 원칙이지만 역시 아는 스님들께 받는 경우도 있습니다. 출가자와 재가자는 형식이나 절차는 큰 차이가 있지만 모두 법명을 받는 점은 공통적이네요.

법명을 받는다는 것은 불자로서의 새로운 삶이 시작됨을 의미합니다. 그 전의 삶이 세상의 이익이나 많은 인연들과의 관계 속에서 중생으로서의 삶이었다면, 불자가 된 이후는 부처님 가르침에 따른 삶이 큰 원칙으로 자리 잡아야 합니다. 말 그대로 새롭게 태어나는 것입니다.

가끔 법명을 받은 불자들 중에는 이름이 마음에 들지 않는다며 바꿔 달라고 하는 분들이 있습니다. 어떻게 법명을 짓는지에 대해서 궁금해 하는 분들도 있습니다.

법명은 마음에 들지 않는다고 바꾸는 이름이 아닙니다. 지어주신 스님의 마음을 헤아리고 그 뜻을 새겨서 그렇게 살고자 하는 마음을 항상 내도록 노력하는 자세가 필요합니다.

법명을 짓는 방법은 스님들에 따라 차이가 있습니다. 좋은 뜻을 넣어서 짓기도 하고 반대로 부족한 부분을 보충하라는 뜻에서 짓기도 합니다. 경우에 따라서는 사주四柱를 참고하기도 한답니다.

부처님께서는 이름과 출신을 묻는 바라문에게 이름이 상징하는 계급제도의 철저한 부정과 이름보다 수행의 결과에서 오는 평안과 자비를 가르치셨습니다.

중요한 것은 이름이 아닙니다. 지금까지의 자신의 삶을 반성하고 법명을 받은 인연으로 이제부터라도 올바른 삶을 살겠다는 다짐이 훨씬 중요합니다.

27. 오계를 받은 불자입니다. 계율을 다 지켜야 하는지요

"초심자 교육을 마치고 오계를 받은 불자입니다. 비록 오계가 기본적인 계율이라고 해도 생활 속에서 지키기가 쉽지 않아 항상 고민입니다. 어느 때는 나를 구속한다는 느낌도 받게 되는데, 계율의 참된 의미에 대해 알고 싶습니다."

계율은 원래 계戒와 율律이 합쳐진 말입니다. 계란 나쁜 행위나 습관을 버리는 자율적이며 도덕적인 행위인데, 행동과 말하는 것에서 악을 짓지 않고 방지하는 것을 의미합니다. 율은 부처님의 제자들이 지켜야 할 행동 규칙으로 승가의 질서를 유지하기 위해 제정된 타율적인 규범입니다.

꼭 맞는 말은 아니지만 계는 주로 재가신도를 중심으로 모든 불자에게 해당되며, 율은 주로 승가를 이루는 출가 수행자들에게 적용됩니다.

이러한 계율은 어떻게 생겨났을까요? 원래부터 계율이 정해져 있던 것은 아니었습니다. 수행자들이 살아가면서 생긴 여러 가지 문제들을 부처님께서 보시고 하나하나 지적하셨답니다. 그 과정에서 지켜야 할 규칙들이 생겨난 것이지요.

초기 경전을 보면 많은 사람들이 부처님께 직접 가르침을 듣고 출가해서 정진精進합니다. 그래서 계율이 정해지지 않을 만큼 수행을 잘했다고 하네요. 그런데 부처님이나 수행자들의 명성이 높아지면서 많은 사람들이 출가하여 그 숫자가 늘어나고, 또 아무 고민 없이 출가한 사람들도 생겼나 봅니다. 출가정신이 투철하지 않은 만큼 수행규범에 대한 생각도 철저하지 못했겠지요. 그래서 교단이 만들어지고 나서 한참 뒤에 계율이 생겨난 것입니다.

지금은 보통 불교에 입문하고 기초적인 교육을 끝내고 나면 삼귀의계와 오계를 받습니다. 스님들은 사미(니)계와 비구(니)계를 받지요. 재가불자들보다 조항 수도 훨씬 많고 엄격합니다.

가끔 불자들께서 계율은 출가한 스님들이 지키는 것이

고, 재가불자들은 상황에 맞추어 적절(?)하게 대처하면 된다고 하시는데, 부처님께서는 계율은 지켜야 할 사람과 지키지 않아도 될 사람을 구분해 놓지 않았습니다. 불자라면 누구나 지켜야 하는 의무입니다.

그런데 질문처럼 출가 수행자들도 가끔은 계율에 속박당하는 느낌을 받습니다. 하물며 재가의 불자들은 사회생활을 하다 보면 기본적인 오계를 지키기도 쉽지 않지요. 그럴 때 '괜히 계를 받았구나' '계를 받아서 생활이 더 어려워졌다' 라는 생각을 하는데, 계율을 지키는 일은 생활을 제약하는 데 그 목적이 있지 않습니다. 불자로서 계를 지키는 의무는 제약이 아니라 보다 큰 자유를 얻기 위한 것임을 알아야 합니다.

생각해 보십시오. 계율을 잘 지켜 그것이 습관화되면 마음속에 번뇌로 인한 잘못된 생각들이 소멸됩니다. 그것은 우리가 선한 행위를 할 수 있는 터전이 되지요. 그래서 지계持戒는 우리에게 바른 삶의 자세를 갖도록 합니다. 자기를 속박하는 것이 아니라 행복으로 이끄는 지름길이 되는 것이지요.

계율은 정해져 있는 어떤 글귀가 아닙니다. 마땅히 해야 할 바를 행하고 하지 않아야 할 것을 행하지 않는 것입니다. 계율을 지키고자 하는 마음은 불자라면 누구나 지녀야 하지만 살다 보면 의도했건, 의도하지 않았건 계율을 범하게 됩니다. 그럴 때는 계율을 받은 것을 후회할 것이 아니라 진실되게 참회해야 합니다. 참회의 방법은 기도와 수행을 통해서 하시면 되겠지요. 진실한 참회는 비록 실수를 반복한다 하더라도 언젠가는 계율대로 살아갈 수 있는 청정한 불자가 되게 합니다.

욕심과 욕망을 위해서 인간이 저지르는 행동은 선보다는 악이 많습니다. 요즘 우리 주변에서 보이는 사람들의 그릇된 여러 행동들이 그런 모습을 잘 보여 줍니다. 삶의 바른 자세는 욕망에 휘둘려 사는 것이 아니라 생활의 절제를 지키는 일입니다.

중생의 삶을 뛰어넘어 깨달음의 세계로 나아가는 사다리가 계율임을 명심해야겠습니다.

계를 지키지 않을 때의 다섯 가지 손해가 있다.
첫째는 재물을 구하려 하나 뜻대로 되지 않고
둘째는 설사 재물이 있더라도 점점 줄어들며
셋째는 사람들의 공경을 받지 못하고
넷째는 나쁜 이름이 세상에 퍼지며
다섯째로 죽어서 지옥에 떨어진다.
그러나 계를 잘 받들어 섬기면 그 반대의 공덕을 얻게 된다.

장아함경

대숲이 우거져도 흐르는 물 막힘없고
태산이 높다 해도 흰구름은 걸림없네

28. 무분별한 물고기 방생은 문제가 없는지요

"많은 절에서 정월이면 방생법회를 엽니다. 매스컴에서 무분별한 방생이 생태계를 파괴한다는 지적이 있기도 했는데 그런 의미에서 물고기 방생은 시정되어야 하지 않을까요?"

예로부터 방생은 불교와 민간에서 중요한 의식이었습니다. 주로 음력 3월 3일, 8월 15일에 행해졌지만 지금은 일 년 중 날짜를 정하지 않고 자주 방생법회를 엽니다. 특히 정월방생은 백일기도 회향과 정초기도에 맞추어 중요한 행사로 자리 잡았습니다. 기도의 공덕을 잘 회향하고, 한 해의 시작을 공덕 쌓는 것으로 출발하고자 하는 아름다운 마음의 표현입니다.

그러나 이러한 방생의 정신보다는 형식을 중요시하는 경

향이 있었던 것도 사실입니다. 질문에서처럼 우리는 방생에 관해 몇 가지를 생각해 보아야 합니다. 우선 방생이 주로 물가에서 행해지는데, 외래어종 방류로 인한 생태계 혼란의 문제입니다.

예전에 블루길이나 베스 같은 외래 육식어종의 방생으로 인해 우리 토종어류가 피해를 본다는 기사를 읽은 적이 있습니다. 방생지역 생태계에 맞는 어류를 선택하도록 신중을 기해야 하겠습니다. 이것은 사찰에서 신도들에게 잘 알려야 합니다. 지금은 많이 시정되고 있습니다.

또 하나는 우리 불자들의 인식 전환이 요구되는 부분입니다. 제가 군승軍僧으로 재직하고 있을 때, 인연이 있는 절에서 저의 부대지역으로 방생을 오곤 했습니다. 참여하는 불자님들이 많은 관계로 장소나 편의시설을 도와드리면서 저도 방생법회를 유심히 살펴보았습니다.

그때 방생을 위해 많은 불자님들이 준비해 온 물고기나 자라 같은 어류들을 한쪽에서는 놓아주고 다른 쪽에서는 다시 잡아 현장에서 되파는 것을 본 적이 있습니다.

우리가 공덕을 쌓으려고 물고기를 방생하는 것은 그렇다 하더라도, 물고기를 풀어주고 잡는 것을 반복하는 것은 정작 물고기들에게는 고역이 아닐 수 없습니다. 나 좋자고 물고기를 고생시키는 것은 본말이 전도된 행위입니다. 물고기 방생은 상징적인 의미로 행해졌으면 하는 바람을 가져봅니다.

불교에서 방생은 불살생不殺生의 가르침과 더불어 생명의 소중함을 일깨우는 의미를 가지고 있습니다. 살생을 금하는 것이 소극적인 선행의 방법이라면 방생을 행하는 것은 보다 적극적인 작선作善의 방법입니다.

물고기 등의 미물을 풀어주는 것은 물론 생명이 제대로 살 수 있는 환경을 조성하는 데까지 관심을 기울이는 것과 모든 생명을 위협하는 환경파괴, 생명경시의 풍조를 바로잡는 것도 넓은 의미의 방생입니다. 또 어려운 조건에 처해있는 사람들에게 사람답게 살 수 있는 환경을 제공해주고 도움을 주는 것도 방생입니다. 그래서 절 집에서는 방생을 자비방생慈悲放生이라고 합니다. 그만큼 정신이 중요하다는 의미입니다.

최근에는 물고기 방생의 대안으로 인간 방생을 강조하기도 합니다. 어려운 환경에서 근무하고 있는 군 장병들을 위문하는 일, 복지관에서 봉사활동을 하거나 환경보호를 위해 자연보호활동을 하고 어려운 이웃을 돕는 등의 자비의 복지행으로 방생을 대신하는 사찰과 불자가 늘고 있습니다. 매우 바람직한 일이라고 생각합니다.

불교의 철저한 인과법은 다른 사람을 위하고 사회를 위하는 일이야말로 자신에게 이익이 됨을 알려줍니다. 이것이 사람을 넘어 모든 생명에게로 확대된 것이 방생의 참된 의미입니다.

특히 요즘처럼 환경파괴와 생명경시의 풍조가 만연된 때에는 다른 생명체에 대한 배려와 봉사가 절실합니다. 인간 중심의 생각에서 벗어나 자연과 환경, 더 나아가 모든 생명을 중시하는 인식의 전환이 요구됩니다.

방생이 진정한 복福의 종자種子가 되어 모든 일을 성취시키는 인因과 연緣이 되기 위해선 방생의 의미를 보다 철저히 이해하고 나 이외의 모든 생명을 소중히 여기는 자세가 필요합니다. 이렇게 된다면 방생법회는 자주 열어야 할 소중한 법회가 아닐까요?

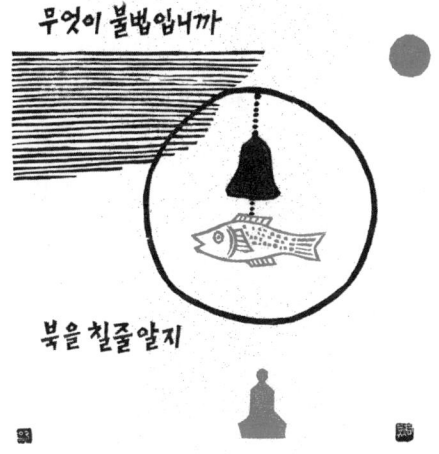

방생

예전에 어떤 도인은 목말라 애타다 물을 구해 마시게 되면 남은 물은 "목마른 사람 먹어라" 하고 버리라 하셨다. 그런 사람이면 다시는 목마른 보를 받지 않는다는 것이다. 그러나 달게 물을 마시고 남은 물을 여지없이 확 쏟아버리는 마음은 다시 목마른 보를 받게 된다고 하셨다.

29. 불교식 장례절차와 그리고 시달림이란 무엇인지요

"아는 분이 돌아가셔서 문상을 갔는데 스님들께서 독경을 하고 계시는 것을 보았습니다. 그것을 시달림이라고 한다는데 시달림이 무엇인지요? 불교식의 장례절차도 알고 싶습니다."

불자들은 가족이나 가까운 친지 중에 누군가 돌아가시면 평소에 다니던 절에 장례 전반에 대해 상의합니다. 장례의 내용을 보면 시신을 모시는 법이나 영결식, 화장이나 매장, 49재 등 많은 절차가 있습니다. 그러면 스님들은 우선 문상問喪을 위해 상가喪家를 방문하는데 이것을 '시달림 간다' 라고 합니다.

많은 분들이 시달림을 간다고 하면 상가에 가는 것 자체가 고생이기 때문에 그런 말을 쓰는 줄 알고 있습니다. 실제로 시달림이란 말은 심신이 피곤해 있을 때나 남에게 괴롭힘을 당한다는 의미로도 쓰이지만 어원은 따로 있습니다.

시달림은 인도의 시타바나Sitavana에서 유래한 말입니다. 우리말 표기로는 시타림尸陀林이라고 하는데, 시타는 춥다는 의미가 있고 바나는 숲이란 뜻입니다. 한자로 번역할 때는 한림寒林이란 뜻으로 시체를 버렸던 숲입니다.

이 숲은 부처님 당시부터 있었던 장소로 여겨집니다. 《잡아함경雜阿含經》이나 《대지도론大智度論》, 《대당서역기大唐西域記》 등에 의하면 인도의 마갈타국 왕사성 북방에 위치한 숲이었습니다. 이곳은 《법화경法華經》이 설해졌던 영취산靈鷲山 근처라고 합니다. 영취산은 산의 모양이 독수리를 닮았다고 해서 붙인 것인데 독수리는 죽은 동물의 시신을 먹이로 합니다.

당시 인도는 매장이나 화장보다는 조장鳥葬의 풍습이 흔했기 때문에 사람이 죽으면 그곳에 시신을 버려 독수리 떼로 하여금 시체를 먹어 치우도록 했던 것이지요. 요즘 표현으로는 공동묘지라고 하겠습니다. 나중에 나라에서는 이곳에 죄질이 나쁜 죄인들을 추방시키거나 가두어 두는 장소로 썼답니다. 그래서 시타림으로 가는 것은 괴롭고 두려운 것의 대명사가 되었을 것이라고 추측합니다.

부처님께서는 출가 수행자들의 수행 장소로 시타림을 활용했습니다. 두타행의 방법 가운데 총간주塚間住는 바로 시타림에서 행해졌습니다. 여기저기 흩어져 있는 시신들 속에서 생활함으로써 육신의 덧없음을 깨치도록 하기 위한 방법이었지요. 이것을 부정관不淨觀이라고 해서 남방불교권에서는 지금도 중요한 수행의 방법으로 인식하고 있습니다.

또 스님들의 의복인 가사, 즉 분소의糞掃衣도 바로 죽은 시신들을 쌌던 해진 옷이나 천 조각들이었습니다. 무소유를 상징하는 가사는 이렇게 공급되었죠.

예로부터 중국이나 우리나라는 인도와는 달리 주로 매장埋葬을 하고 있었지만 불교가 전해진 뒤에 매장의 형태에 시타림의 의미가 더해져서 불교식의 장례법이 만들어집니다. 시달림 법문은 삼국의 신라시대 이후 고려와 조선시대를 거쳐 현재에 이릅니다.

지금의 시달림은 죽은 사람을 위해 장례 전에 행하는 의식을 말합니다. 스님들이 시달림하러 간다는 것은 돌아가신 영가를 위해 천도의 염불, 법문을 하러 간다는 뜻입니다. 시달림의 의식 절차는 바로 장례의 의식이 되는데 내용이 상당히 복잡합니다. 입관하기 전에 삭발, 목욕하는 의식 등의 염습殮襲부터 시신을 씻고 옷을 입히는 성복成服, 발인의 준비가 되면 행하는 영결의, 매장이나 화장 등이 그것인데 아무래도 스님들의 지도를 받는 것이 좋다고 생각됩니다.

가까운 사람을 떠나보내면 유가족들의 마음은 아플 수밖에 없습니다. 시달림은 슬픔에 잠겨 있는 유족들에게 큰 위로가 됩니다. 스님들의 시달림 법문을 들으면 죽은 사람이 극락왕생할 수 있다는 믿음도 갖게 됩니다. 돌아가신 분을 위해 법답게 진행되는 장례 절차는 그것 자체로도 훌륭한 포교이자 수행이 될 것입니다.

30. 열반은 죽음인가요

"음력 2월 15일은 '부처님의 열반재일'입니다. 일반 불자들이 열반의 의미를 생활하면서 어떻게 적용시키면 좋을까요?"

열반涅槃은 불교 최고의 이상이자 궁극적인 목표입니다. 부처님께서는 누구나 불법의 가르침을 믿고 수행하면 반드시 성불한다는 모범을 우리에게 보여주셨고, 열반은 그 최고의 경지를 알려주신 것입니다. 《반야심경》의 표현대로 구경열반究竟涅槃이지요.

오래 전부터 소승과 대승불교, 각 종파마다 부처님 열반의 의미를 매우 다양하게 설명했습니다. 다양한 설명만큼이나 일반인들은 물론 불교인들에게도 열반은 어려운 개념입니다. 제 능력으로 그 의미를 다 말씀드리긴 어렵고, 우리가 현실에서 느낄 수 있는 부분에 대해서 얘기해 보고자 합니다.

열반재일은 부처님께서 입멸入滅하신 날입니다. 또한 큰스님들의 입멸도 '열반하셨다'라고 표현합니다. 그래서 열반을 죽음의 의미로 받아들이는 경향이 있습니다. 일전에 어느 유명한 동양학 교수도 그렇게 주장을 하기도 했구요. 물론 소승이라 일컫는 초기불교에서는 '완전한 열반無餘涅槃'을 증득하기 위해서 육신 소멸의 필요성을 얘기했습니다. 그러나 이런 식의 설명은 마치 열반을 사후死後세계에서만 얻어지는 특별한 경지로 이해하게 하는 오해를 일으킬 수 있습니다.

열반은 인도 산스크리트어의 니르바나Nirvana에서 온 말입니다. '불어서 끈다'라는 뜻인데 불교에서는 좀 더 적극적으로 해석하여 우리 인간이 가지고 있는 번뇌의 불길이 모두 꺼진 상태로 이해합니다. 다시 말하면 인간의 탐욕과 성냄과 어리석음이 해소된 상태라는 것이지요.

여기서 번뇌의 불길이 꺼졌다는 것과 삼독심이 해소되었다는 의미를 완성의 개념으로만 해석할 필요는 없습니다.

오히려 불자들이 알아야 할 것은 열반은 여러 과정을 통해 얻는 증득證得이라는 점입니다. 우리가 지금 살고 있는 현실의 삶 속에서 그것을 증명해 내는 것은 매우 중요합니다.

부처님 10대 제자 중 천안天眼제일로 불렸던 아나율 존자가 부처님께 질문합니다. "열반은 무엇을 먹이로 합니까?" 부처님께서는 "열반은 게으르지 않는 부지런한 정진을 먹이로 한다"고 말씀하셨습니다. 그러면서 구체적인 방법을 제시해 주셨지요. 팔정도八正道와 육바라밀六波羅蜜 같은 수행법입니다.

저의 경우는 불자들에게 바르게 믿고, 바르게 알고, 바르게 행하는 것을 자주 얘기합니다. 믿음을 통해서 정성으로 기도하고, 항상 부처님 가르침을 배우면서 바른 진리를 알고자 하며, 배우고 익힌 것을 내 가족과 이웃을 통해 실천하는 것이 바로 그것입니다.

《금강경》에서 부처님께서는 "모든 중생들을 다 무여열반에 들게 하리라"라고 선언하시죠. 이 말씀을 어떻게 이해해야 할까요? 나는 한 중생도 구제하기 힘들다고 생각하십니까? 나의 능력 밖이라고 생각하시나요?

그렇지 않습니다. 되지도 않을 일을 부처님께서 말씀하시지는 않습니다. 이렇게 생각해 보세요.《금강경》의 모든 중생은 지금 나에게 다가온 인연들이라고. 내 가족, 내 이웃들, 나와 인연 맺은 모든 존재라고 여기는 것입니다.

그들을 위해 기도하고, 그들에게 해줄 수 있는 일을 해보는 거죠. 내가 지금 할 수 있는 일을 해 나가는 것은 열반을 향해 한 걸음씩 전진하는 것이고 열반을 증득하는 기초가 됩니다.

불교는 인간의 이성과 의지에 기초한 합리적인 실천으로 이 세상에서 충분히 실현 가능한 목표를 설정합니다. 열반도 마찬가지구요. 말이나 글자에 너무 끌려 다니면 불교의 진정성을 이해하기 어렵습니다.

출가와 열반의 의미를 현실의 삶 속에서 적용시키기 위해 한 걸음씩 나아가는 불자가 되시기 바랍니다.

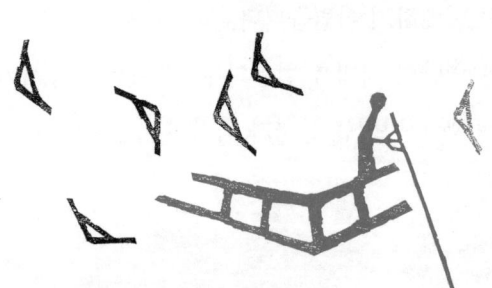

빈배 가득 달빛만 싣고오네

성격과 습관

성격은 마음가짐이며 습관은 마음이 연속된 것이다.
성격이 습관을 만들게 되고 습관이 성격을 만든다.

성격이 나쁘면 좋지 않은 습관을 갖게 되며
좋지 않은 습관을 가지면 성격이 나빠진다.

성격이 좋으면 좋은 습관을 갖게 되며
좋은 습관을 가졌으면 좋은 성격을 갖는다.

성격이나 습관은 자신의 행위에 대한 과보며
어제 오늘 시작된 것이 아니므로 바뀌지 않는다.

바뀌지 않는 것을 바꾸려 하는 것이 괴로움이다.
오직 있는 것을 알아차리는 것이 수행자의 길이다.

묘원

31. 경전 제목만 외워도 공덕이 되나요? 독경의 올바른 방법을 알려 주세요

"경전을 다 읽을 필요 없이 제목만 외워도 공덕이 있다고 하는데 맞는 말인가요? 가끔 시간이 많지 않을 때는 제목만으로 독경을 하곤 합니다. 어떤 것이 바른 독경의 방법인지 알고 싶습니다."

흔히 경전을 읽는 것은 두 가지 정도의 목적이 있다고 합니다. 수행을 위한 독경讀經과 경전의 내용을 공부하기 위해서 읽는 것입니다. 수행을 위한 독경을 전경轉經이라고 합니다. 진리의 가르침인 법法을 굴린다는 의미입니다.

독경은 주로 소리 내어 읽는 것을 말하는데 누구나 손쉽게 할 수 있는 수행방법이지요. 독경을 할 때는 속도에 상관없이 정성껏 읽어가야 합니다. 천 번 만 번을 읽는 것도 좋은 방법입니다. 나의 번뇌와 업장이 두텁다면 그에 상응하는 노력은 많을수록 좋은 것입니다.

이렇게 우리가 경전을 수지受持, 독송하는 것은 경전 속에 녹아 있는 부처님의 크신 지혜의 가르침을 발견하고 실천하여 그 경전의 뜻을 깨치기 위해서라고 할 수 있습니다. 그렇다면 우선 자신이 독송하는 경전의 내용에 대해서 잘 아는 것이 무엇보다도 필요합니다. 많은 대승大乘의 경전들은 경을 받아 지니고 독송하며 남에게 설해 주는 것이 한량없는 공덕의 행위임을 설명하고 있습니다.

같은 맥락에서 스님들은 축원하실 때 '간경자 혜안동투看經者 慧眼通透'라고 합니다. 경전을 보는 사람은 지혜의 눈이 크게 열린다는 뜻이지요. 경전을 정성껏 읽게 되면 마음이 정화되고 깨달음의 씨앗을 뿌리는 결과를 얻게 됩니다. 그래서 경을 읽고 외우면 죄업이 없어지고 반드시 성불할 수 있다는 가르침이 있는 것입니다.

만약 어떤 사람이 경전 전체는 물론 경전의 제목이나 글귀 하나만이라도 받아 지녀 읽고 외워서 남을 위해 설해준다면 무량無量하고 무수無數하며 무변無邊한 공덕을 성취할 수 있다고 가르치는 것이 사실입니다. 경의 제목만으로 공덕을 성취한다고 해서 경제신앙經題信仰이라고도 합니다.

불교를 이해하는 가장 좋은 방법은 경전을 보고, 읽고 이해하는 것입니다. 하지만 그것이 쉽지 않은 것은 내용도 많을 뿐 아니라 어렵기도 하기 때문입니다. 그래서인지 경전의 내용을 깊이 이해하려고 하지 않고 간단하고 쉽게 알려고만 하는 경향이 있습니다.

죽기 전에 나무아미타불을 열 번만 외우면 극락왕생할 수 있다는 가르침이 있습니다. 십념왕생十念往生이라고 하는데, 이것은 일종의 방편方便 교설입니다.

마찬가지로 경제신앙도 경전을 읽을 수 없거나, 읽기 힘든 사람들을 위한 가르침이지 경전을 읽을 필요가 없다는 가르침이 아닙니다. 경전의 제목을 외우는 방법은 그 경전의 가르침이 떠오르도록 내용을 깊이 이해할 때 가치가 있습니다.

안타까운 일이지만 경전을 읽는 많은 불자들이 그 방법과 목적을 잘못 이해하여 독경을 주술과 같이 읽거나 신비화된 가피력만을 의지하는 것은 옳지 못한 일입니다.

부처님 가르침에 의하면, 누구나 바른 마음을 냈을 때 이미 공덕은 성취되어 있다고 합니다. 그렇지만 마음을 내는 것에 너무 치우친 나머지 해야 할 노력을 하지 않는 것은 옳지 못합니다.

경전의 제목을 외운다는 것은 불·법·승의 삼보三寶 가운데 법에 귀의하는 것입니다. 염불이나 부처님 명호를 부르는 것과 같이 기도의 의미도 있습니다. 제목을 외우는 것도 좋은 방법일 수 있지만 더불어 내용도 깊이 이해할 수 있다면 더할 나위 없는 좋은 수행이 될 것입니다.

어떤 것이 부처와 조사를 초월하는
말입니까

餬餅

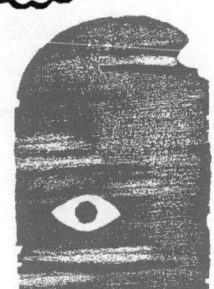

금강경을 읽기만 한다고
다 잘 살고 재앙이 없는 것은 아니라네.
절대 죄를 짓지 않으며
과거 생에 지은 업장을 닦으려고 노력하고
어떤 형태로든지 복을 지으려고 애를 써야
살림이 늘어나고 재앙이 없어진다네.

32. 하루 한 끼 발우공양은 원래 정해진 것인지요

"산사 수련회를 다녀왔습니다. 발우공양이 아주 힘들었고 인상 깊었는데, 스님들께서는 하루에 한 끼만을 드신다고 들었습니다. 이것은 수행하는 스님들이 지켜야 하는 계율인가요?"

답변에 앞서 몇 가지 불교적 상식에 대해 알아보겠습니다. 먼저 밥 먹는 것을 불교에서는 공양供養이라고 합니다.

원래 공양의 의미는 음식물이나 옷 등을 삼보三寶나 부모, 스승, 망자亡者에게 공급하는 것을 말합니다. 보통은 어떤 대상에게 베푸는 물질적·정신적인 혜택을 의미하지요. 이런 공양은 부처님이 계실 적에 걸식에서 비롯되었습니다.

현재는 밥 먹는 행위를 발우鉢盂공양이라고 해서 엄격한 수행의 한 방법으로 인식하고 있습니다. 발우공양할 때 암송하는 경을 소심경小心經이라고 하는데, 그 내용은 부처님의 공덕을 찬탄하고 예배하면서 음식이 만들어지기까지 모든 중생들의 노고와 은혜에 감사하는 마음, 자신의 하루 수행을 돌아보며 반성하는 마음 등으로 되어 있습니다.

그리고 질문하신 일종식一種食이란 부처님 재세 시에 하루 한 끼만을 먹는 공양의 원칙을 말하는 것입니다. 부처님께서는 육신을 지탱할 수 있는 최소한의 음식만을 섭취하라고 말씀하셨는데 여기서 비롯된 수행이었습니다.

오후불식午後不食이란 말도 비슷한 의미로 정오가 지난 후에는 먹지 않는, 그러니까 정오 이전의 하루 한 끼로 식사를 대신하는 것을 말합니다. 지금도 남방불교에서는 오후불식의 원칙을 지킵니다.

그러나 한국에서는 하루 세끼 먹는 것을 원칙으로 합니다. 물론 개인적으로 일종식을 지키는 수행자들도 많습니다. 그런 측면에서 우리나라 사찰 스님들의 공양에 관한 원칙은 정해진 것이 없다고 봐야 할 것입니다. 대개는 아침에 죽, 점심에는 밥 공양을, 저녁은 약석藥石이라고 해서 아주 조금 먹는 것이 상례입니다.

수행자들 사이에는 복팔분腹八分이라는 말이 있습니다. 꽉 차있는 배를 만복滿腹이라고 하는데 여기서 이분二分 정도가 모자라는 것입니다. 양껏 먹는 것보다는 항상 모자란 듯 먹었죠. 음식의 부족이 수행자의 삶인 것처럼 여겨지던 때도 있었습니다.

경전에 이런 이야기가 있습니다.

"부처님의 가르침에 따라 수행하는 사람들이 늘어나고 출가한 스님들의 수행이 깊어가는 것에 불안해진 마魔의 무리들은 먹을 것이 없으면 승단僧團이 힘을 잃을 것이라고 생각해서 마을 사람들을 꼬여 탁발 나온 스님들께는 아무 것도 주지 않게 했습니다. 승단은 다음 날부터 배가 고프게 되었지요. 그런데 마구니들이 생각한 것과는 반대의 현상이 일어납니다. 승단이 힘을 잃기는커녕 오히려 수행이 깊어가고 더욱 융성해졌단 말이죠. 고민 끝에 마구니들은 작전(?)을 바꿔서 수행자들을 극진히 대접하고 펑펑 퍼주도록 마을 사람들에게 시켰습니다. 물질적인 풍요로움에 수행자은 타락하기 시작했다고 합니다."

예전에 어른 스님들께서 춥고 배고프면 도 닦는 마음이

일어난다고 말씀하신 것을 많이 들었습니다. 반대로 물질이 풍요해지면 게을러지고 마음 다스리기가 어렵다고 하셨죠. 실제로 우리들 삶의 모습이 그렇습니다. 인간들의 온갖 추한 모습은 욕심을 지나치게 추구하는 데서 오는 필연적 현상입니다.

많이 먹거나 잘 먹는 것이 문제가 아니라 어떤 것이 수행의 정신을 살릴 수 있는가가 핵심입니다. 특별하게 양이나 횟수를 정하지는 않고 각자의 형편대로 먹는 편이지요. 그래서 지금은 먹는 횟수보다는 먹는 방식과 예법에 따른 규율을 더 중요하게 여깁니다.

그러나 음식을 남기면 안 되는 원칙은 절에 들어오면 누구나 지켜야 하는 불문율입니다. 다만 요즘 조계종 행자교육원 같은 곳은 오후불식의 원칙을 엄격하게 지키고 있습니다. 수행자로 첫 발을 내딛는 행자들에게는 중요한 수행의 방편이니까요.

이 음식이 어디서 왔는가 내 덕행으로는 받기가
부끄럽네 마음에 온갖 욕심 버리고 육신을 지탱하는
약으로 알아 도업을 이루고자 이공양을 받습니다

33. 안거에 대해 알고 싶어요. 일반 불자로서 안거 기도에 동참하려면 어떻게 해야 하나요

"다니고 있는 절에서 동안거 백일기도를 한다고 합니다. 스님들의 동안거에 대해서 알고 싶습니다. 또 백일기도에도 동참하고 싶지만 백일 동안 절에 나갈 수 없는데 어떻게 하면 되나요?"

요즘은 일년 내내 소원성취, 입시기도 같은 백일기도나 천일기도 등을 하는 절들이 많습니다. 그렇지만 예전에는 전통적으로 안거安居에 맞추어 백일기도를 드렸다고 합니다. 질문에 답하기 위해서 먼저 안거제도에 대해 알아보겠습니다.

안거제도는 본래 석가모니 부처님 당시에 만들어져 지금까지 이어져 온 전통입니다. 출가한 수행자들은 어느 한 곳에 머무는 일 없이 유행遊行을 하면서 생활하는 것이 원칙이었습니다. 지금처럼 출가 수행자들이 정착생활을 하게 된 것은 몇 가지 이유가 있습니다.

우선 인도에서는 무더운 여름이 지나고 짧은 시간에 많은 비가 내리는 우기兩期가 되면 땅 속의 작은 생물들이 기어 나옵니다. 그래서 길을 걸어 다니다 그것들을 밟아 죽일 염려도 있어 유행하기에 어려움이 많았지요. 또한 비가 오는 우기에 수행하다 보니 건강을 해치는 수행자도 많았을 것입니다. 그래서 부처님께서는 제자들과 신자들의 제안을 받아들여 우기의 3개월 동안 유행을 중지하도록 말씀하신 것이 안거의 시작이었습니다.

이러한 안거의 풍습은 그 후 많은 재가신자나 왕족들이 건물이나 토지 등을 희사喜捨함으로써 수행자들이 한 곳에 정착해서 생활하는 사원이 생겨나는 계기가 되었습니다. 이렇게 사원이 생기면서 각지로 돌아다니던 수행자들은 주기적으로 일정한 장소에 모여 계율이나 승단의 제도 등을 정비하곤 했지요.

이러한 안거제도를 통해서 여러 곳에 흩어져 수행하던 스님들은 화합과 합의를 터전으로 하는 승가의 결속력을 재확인하고 승가 고유의 전통을 지키는 기회를 가졌던 것입니다.

  불교가 인도에서 중국을 거쳐 우리나라로 오는 과정에서 나라마다 수행의 방식이나 전통이 약간씩은 달라졌습니다. 인도에서는 우기의 안거만이 있었지만 북쪽의 추운 지방이었던 중국과 우리나라는 겨울에도 안거를 시행했습니다.

  우리나라의 스님들도 일 년 중 여름철과 겨울철에 산문山門 출입을 금하고 수행에 힘씁니다. 우리나라의 여름과 겨울 안거는 모두 부처님 당시 여름의 우기 동안 사원에 머물며 수행했던 전통을 이은 것입니다. 여름夏안거는 음력 4월 15일부터 7월 15일까지, 겨울冬안거는 10월 15일부터 다음해 1월 15일까지입니다. 시작하는 것을 결제結制라 하고 끝나는 것을 해제解制라고 했습니다.

  흔히 여름과 겨울은 '공부철', 봄과 가을은 '산散철'이라고 합니다. 산철은 스님들이 선원에 모여 있는 것과는 달리 여기저기를 다니며 흩어져 산다는 뜻입니다. 공부철에는 출입이 금지되고 산철에는 자유롭습니다. 산철 동안에는 이곳저곳을 다니며 만행을 하는 것이 일반적입니다만 요즘은 산철에도 결제를 하고 수행하는 선원이 많습니다.

안거 기간 동안에는 지도해 주시는 스님이나 선지식善知識에게 법문을 듣고 지도를 받으며 수행에 정진합니다.

절에서 재가의 신자들이 안거 3개월에 맞추어 올리는 백일기도는 출가 수행자들의 정진에 재가자들도 함께 수행한다는 뜻으로 해석합니다. 그 기간이 3개월, 90일이 아니라 백일을 정한 것은 상징적인 의미로 봐야겠지요.

일반적인 사회생활을 영위하는 사람들에게 100일은 결코 짧은 시간이 아닙니다. 이 100일 동안에 마음을 한 곳에 모아 간절히 기도할 수 있다면 그것 자체가 훌륭한 수행이 될 것입니다. 절에서 하는 백일기도에 동참하시면 먼저 하루도 빠짐없이 기도한다는 자세를 가져야 합니다. 그러나 매일 절에 갈 수 없다면 백일 동안 정기적으로 가는 것도 괜찮을 것입니다. 좋은 법문을 자주 듣고 기도하는 것도 좋은 방법이지요. 물론 어디서든지 항상 기도하는 마음을 잃지 않도록 해야 합니다.

34.
경제개발과 환경보존에 대하여 불자는 어떤 태도를 취해야 합니까?

"새만금이나 천성산 등의 개발 문제를 놓고 경제발전과 환경보호의 의견이 맞서기도 했습니다. 환경을 보존하자는 의견에는 전적으로 동감이지만 경제발전도 무시할 수 없는 부분입니다. 어떤 것이 불자로서 바른 입장일까요?"

이 문제에 대한 불교의 입장은 인간과 환경과의 인과법因果法적 관계, 서로 공생共生하고 공존共存하는 방법을 주장합니다. 그러기 위해서는 자연의 개발을 최소화하는 것이 좋지요. 하지만 말씀하신 대로 개발하는 쪽의 입장은 경제논리로 그 불가피성을 주장합니다. 질문에 대한 답변으로 적당할지 모르겠지만 경제발전이라는 관점에서 얘기해 보겠습니다.

국가의 경제발전은 좋은 일입니다. 한 나라의 경제가 발전하여 그 혜택이 국민 모두에게 골고루 돌려질 수 있다면 누가 감히 토를 달겠습니까? 문제는 경제발전의 내용입니다. 잘 아시다시피 지난 한국전쟁의 폐허 속에서 먹고사는 문제의 해결은 가장 중요했습니다.

그러나 이 점이 너무 지나치게 강조되다 보니 맹목적으로 발전만이 최고의 선善이 되어버렸죠. 불과 몇십 년 전만 해도 하루 세끼 밥만 먹어도 떵떵거렸다고 합니다. 지금은 마음만 먹으면 굶지 않을 수 있습니다. 오히려 너무 먹어서 비만을 걱정하고, 살을 빼는 산업이 유례없는 호황을 누리고 있습니다. 한 해에 먹다 버리는 음식이 10조 원을 상회하고 그 버린 음식을 처리하는 비용이 다시 그만큼 들어간다고 하니 입이 벌어질 판입니다.

우리에게 적용시켜 볼까요? 자가용 승용차는 이제 필수품이 되었습니다. 이제는 집에 TV나 냉장고가 있다고 자랑하지 않습니다. 디지털카메라, 컴퓨터는 일상의 한 부분처럼 쓰입니다.

물질뿐이 아닙니다. 주 5일 근무의 확대로 많은 여가시간이 생겼습니다. 소풍가듯 해외여행을 갑니다. 그런데도 사람들은 다들 어렵다고 합니다.

왜 그럴까요? 욕심 때문입니다. 지금 살고 있는 아파트도 별로 불편하지 않는데 다른 동네 아파트값이 오르면 좌불안석입니다. 승용차도 좀 더 큰 것을 찾습니다. 사용하기 불편함이 없는 휴대전화기가 구형이라고 버려집니다. 조금 과장됐지만 이것이 우리 사회의 한 단면입니다. 눈부신(?) 경제발전의 모습이지요.

이제는 좀 다른 방향에서 '발전'을 모색할 때가 아닌가 싶습니다. 지금부터는 좀 천천히 가도 되지 않을까요? 가끔은 좌우도 돌아보면서 이웃들도 생각하면서 말입니다. 함께 가는 사회, 먼 훗날을 내다보는 시각이 필요합니다.

경제발전이라는 것은 결국 잘살자는 의지의 표현일 것입니다. 사람들은 누구나 부자가 되는 것을 좋아합니다. 바르게 번 돈으로 바르게 쓴다면 재산은 많을수록 좋을 것입니다.

그러나 이렇게도 생각해 보죠. 재산의 종류는 많습니다. 동산, 부동산과 가치를 따질 수 없는 재산도 있습니다. 누구나 자기 재산을 가질 수는 있지만 햇빛, 공기, 맑은 물 같은 자연환경의 재산은 다 같이 누려야 합니다. 우리 세대뿐 아니라 다음 세대에도 마찬가지입니다. 아이들에게 돈을 들여 영어공부나 유학을 보낼 줄은 알면서 좋은 환경을 물려주는 데 소홀한 것은 어리석다고 할 수밖에 없습니다.

이 문제에 대해 우리 불자들은 사람과 자연환경의 '조화와 균형'을 생각해야 합니다. 조화와 균형의 붕괴는 자연재해라는 재앙으로 우리에게 돌아옵니다. 인과법은 철저합니다. 그래서 환경의 개발이 지나친 경제논리만이 아니었으면 합니다. 생명을 존중하는 마음이 필요하지요. 문명인이라고 자처하는 우리의 삶이 주변의 수많은 생명을 이기적인 목적으로 사용하고 희생시키지 않는지 돌아봐야 합니다. 자본과 경제논리의 경쟁에서 벗어나야 이 문제 해결의 실마리가 보입니다.

생명·환경 문제와 경제발전의 관계 설정은 이 시대를 살아가는 사람들의 화두입니다. 서로의 목표가 다르다 보니 이 문제에 대한 의견도 분분합니다.

저는 가끔 우리들이 자기 생각의 반대편에 있는 분들에게 너무 인색하고 공격적이 아닌가 하는 생각도 해 봅니다. 언제나 나의 생각이 옳을 수만은 없습니다. 나 아닌 다른 분들의 이야기에 귀를 기울이는 노력도 문제 해결의 한 방법이겠지요.

35.
요즘은 경제가 대단히 중요합니다. 불교의 경제관에 대해 말씀해 주세요.

"아파트 가격이 평당 수천만 원에 이른다는 기사를 보면 허탈해집니다. 열심히 일하고 노력해도 경제적인 안정을 이루지 못하는 것이 현실이고 그것 때문에 마음이 불편합니다. 불교의 경제관이 있다면 말씀해 주십시오."

언젠가 한국인의 '행복지수'가 58점이라는 조사를 본 적이 있습니다. 과거에 비해 지금은 월등하게 잘 사는데도 행복을 느끼는 정도가 50% 정도라는 것은 무엇을 의미하나요? 많은 분들이 상대적인 박탈감, 소외감 같은 것으로 만족을 느끼지 못한다는 의미일 것입니다.

어리석은 사람들은 능력에 맞지 않게 소비하고 낭비하면서 항상 부족을 느낍니다. 그래도 지혜로운 사람은 지은 인연에 따라 받는 것을 알기 때문에 성실하게 노력하겠지요. 힘겨운 삶이라도 적은 것에 만족하고 남을 배려하는 넉넉한 마음이 있다면 행복지수는 올라갈 것입니다.

이와 관련한 부처님의 가르침 중 두 가지를 말씀드리고 싶습니다. 하나는 재산을 모으는 일보다 탐욕을 경계하며 재산을 잘 소유하고 잘 쓰는 일이고, 다른 하나는 물질적인 풍요로움이 아닌 영원한 우리의 재산이 될 수 있는 칠성재七聖財를 수행하는 것입니다.

누구나 부자가 되고 싶어 합니다. 과연 재산은 우리에게 좋은 것인가요? 나쁜 것인가요? 재산은 선善과 악惡의 두 가지 측면이 모두 있습니다. 물처럼 배를 뜨게도 하지만 뒤집기도 하는 게 재산입니다. 그렇다면 결국 선악의 문제는 재산을 소유하고 부리는 사람에게 달려 있다고 할 수 있습니다.

예전에 어느 여교수가 150여 채의 아파트를 소유하고 있다는 기사로 세상을 놀라게 했습니다. 집으로 대표되는 부동산 문제에 민감한 우리나라 사람에게 이 기사는 모두를 허탈하게 했지요. 저도 기사를 보는 순간, 마음속으로 분노가 치밀어 올랐으니까요. 그런데 사람들 중에는 여교수의 재주(?)에 관심이 가는 분들이 더 많았다고 합니다. 어떻게 하면 그렇게 많은 아파트를 가질 수 있을지에 대해서 말입니다. 그것은 나에게도 기회가 되면 그렇게 하겠다는 것인가요? 역시 문제는 사람입니다.

부처님께서 재산을 모으는 것에 대해 말씀하신 것을 찾아보면 정당한 부의 축적을 권장하셨음을 알 수 있습니다. 영리를 추구하고 재산을 모으는 것을 권장하신 것은 결국 이웃과 대중에게 회향될 수 있는 부분을 보셨기 때문입니다. 그러나 그 과정에서 일어날 수 있는 탐심은 항상 경계하셨습니다. 이치에 적합하면서 순수한 노력에 의해 재산을 획득하는 가르침을 강조하십니다.

그러나 보다 더 중요한 것은 그것을 쓰는 일입니다. 부처님께서는 모은 재물을 4등분하라고 하셨습니다. 그 중 1/4은 자신과 가족의 생계를 위해서 씁니다. 또 1/4은 생업을 영위하거나 자본의 재투자를 위해 쓰라고 하셨는데, 요즘 말로 얘기하면 펀드 투자 같은 것일까요? 부처님의 경제적 안목도 대단하셨던 것 같네요. 다른 1/4은 부모와 수행자를 위해서, 나머지 1/4은 자신과 이웃의 빈곤에 대비하라고 말씀하신 것이 《잡아함경》에 나옵니다. 현실에도 적용될 수 있는 좋은 부처님 가르침입니다.

그러나 이러한 물질적인 재산이 아니어도 우리를 행복하게 하는 영원하고도 한량없이 누릴 수 있는 재산도 있습니다. 성자聖者의 재산이라고 하는 칠성재입니다. 칠성재는 7가지의 법의 재산法財입니다. 신信재, 계戒재, 참慚재, 괴愧재, 문聞재, 사捨재, 혜慧재가 그것인데, 이것을 우리의 현실에 맞게 약간 변형해서 적용하면 좋을 것 같습니다.

지혜의 평화로움과 안락의 재산을 가지고 그 안에서 신심과 진리의 가르침이라는 재물을 늘리고 부리면서, 참회와 부끄러워할 줄 아는 마음으로 늘 이웃에게 베풀며 살아가는 것이지요.

우리가 사용할 줄만 안다면 내가 가진 것, 나의 가능성 등 주변의 모든 것들이 재산이 됩니다. 남들과 비교하는, 또는 비교되는 삶보다는 자신의 삶을 충실하게 살면서 즐겁고 만족하게 살 수 있으면 그것이 행복일 수 있다는 생각이 듭니다.

비록 세속에서 생활하며 갖가지 사업에 힘쓰더라도
법을 얻을 길은 항상 열려 있나니
바르게 생각하는 힘을 갖춘 사람이라면
마음을 집중하여 삼매를 얻을 수 있다.
오직 지혜가 밝은 사람이라야
하루 속히 열반의 고요함을 증득하리라.

별역잡아함경

나의 부는 내가 얼마나 가졌는지로 결정되는 것이 아니라
내가 원하는 것이 얼마나 적은지로 결정됩니다.

36. 경전 공부를 체계적으로 하고 싶습니다. 어떻게 해야 하나요

"경전 공부를 하고 싶어서 여러 선배들에게 물어보면 어떤 분은 아함경부터 공부하라 하고, 또 어떤 이는 금강경이나 법화경이 가장 좋다고 합니다. 불교 경전은 초심자들에게는 양도 많고 내용도 어려워 약간 혼란스럽습니다. 어떻게 공부해야 좋은지요?"

우선 불교를 이해하는 가장 좋은 방법 중 하나로 경전을 보고, 읽고 이해하는 것을 권해드리고 싶습니다. 그러나 경전 공부가 그리 쉬운 일은 아닙니다. 팔만대장경八萬大藏經이니 팔만사천법문이니 하는 말에서 알 수 있듯이 경전의 양이 워낙 많다 보니 초심자들은 기부터 질리고 맙니다. 가까스로 용기를 내어 덤벼들더라도 질문하신 것처럼 어떤 경전을 읽어야 하는지, 어떤 순서가 좋은지, 그 많은 경전을 어떻게 볼지 엄두가 나지 않습니다. 더구나 양이 방대한 만큼 내용도 다양해서 갈피를 잡기가 힘든 게 사실입니다.

팔만대장경은 경남 합천 해인사에 보관되어 있는 고려 고종 시대에 완성된 고려대장경을 가리킵니다. 경판의 수가 8만장이 넘는데 여기서 팔만대장경이라는 말이 나왔습니다.

일반적으로 불교의 경전이라 함은 보통 경, 율, 논의 삼장三藏을 의미합니다. 부처님의 말씀이라고 전해지는 경장經藏, 출가 승단의 여러 생활 규범을 모아 놓은 율장律藏, 경장과 율장에 대한 해석과 연구 내용이 모아진 논장論藏을 삼장이라고 합니다. 흔히 말하는 경전은 엄밀하게 얘기하면 경장을 지칭하는 것이고, 실제로 불자들이 부처님 말씀을 공부한다고 하면 이 경장을 공부하는 것입니다.

예전부터 방대한 양의 불교 경전 공부와 이해의 어려운 점을 극복하기 위해 여러 가지의 노력이 줄기차게 시도되었습니다. 대표적인 것이 중국 수나라 때 천태지의天台智顗 스님에 의해 시도되었던 오시교판五時敎判입니다.

오시교판이란 부처님의 일생을 다섯 부분으로 나누고 각각 그 수준에 맞게 설법했다는 전제 아래 방대한 경전을 화엄華嚴의 시기, 아함阿含, 방등方等, 반야般若, 법화열반法華涅槃의 시기로 나눈 것입니다.

천태스님은 화엄의 시기는 초전법륜 이전의 21일간의 교설, 아함은 초전법륜 이후 12년간의 교설, 방등은 아함 이후 8년간의 교설, 반야는 이후 21년간의 교설, 법화는 마지막 8년간의 교설이라고 하며 《법화경》이야말로 부처님 최고 최후의 가르침이라고 주장하면서 법화경을 중심경전으로 하는 천태종天台宗을 개창합니다.

이 방법은 그 당시 중국의 시대 상황에서는 대단히 뛰어난 판단이고 종파 성립에 중요한 역할을 하지만 중국 천태스님의 주장일 뿐입니다. 중국에서는 종파마다 자기들의 우수함을 주장하는 방법으로 자신들이 중심으로 의지하는 소의경전을 널리 알리고자 했습니다. 그래서 최고의 가르침은 자기 종파의 소의경전이라고 주장하는 속성이 있었지요. 경전마다 우수하다고 말하는 것의 속 뜻은 이렇게 이해하시면 되겠습니다.

중국 불교의 영향을 많이 받은 우리나라에서도 경전 공부를 할 때 이 방법을 쓰기도 하지만 이는 불교의 역사적인 관점에서 여러 문제가 있습니다. 그래서 이러한 방법은 부처님의 가르침을 정확하게 이해했다고 보기는 어렵다는 것이 불교학자들의 견해입니다.

저는 경전 공부를 어떤 틀을 가지고 하는 것보다는 우리가 평소에 많이 접하고 읽는 경전을 중심으로 공부하면 어떨까 싶습니다. 특히 일상의 기도 때마다 읽는 《천수경》, 《반야심경》의 공부는 필수적으로 하시고 《금강경》이나 《법화경》 같은 경전을 읽으시면 좋을 것 같습니다. 여기에 체계적인 불교 공부를 원한다면 아함부에 있는 경전 중 《법구경》이나 《숫타니파타》 같은 경전을 보시는 것도 좋습니다.

중요한 것은 본인의 관심과 필요에 따라 경전을 읽는 것입니다. 오히려 이런 것이 오랫동안 경전 공부를 할 수 있는 좋은 방법이 되지 않을까 생각합니다.

37. 경전을 공부하는 것보다는 참선을 하는 것이 낫다고 하는데 맞는지요

"스님들께서는 경전 공부보다는 참선 공부를 하라고 강조하십니다. 그렇다면 불자들은 어떻게 공부를 해야 합니까?"

부처님 가르침은 고통의 세상인 사바세계를 건너게 하는 길잡이 역할을 합니다. 경전을 공부하고 이해한다는 것은 우리가 본래부터 지니고 있던 지혜를 일깨우며 무명無明과 번뇌의 문을 닫고 열반涅槃으로 향하게 하는 의미가 있습니다. 부처님의 가르침이 나의 의식에 온전히 살아 있을 수 있다면 우리의 마음은 저절로 열리고 슬기로워지며 이기적이고 파괴적인 마음이 정화되어 깨달음의 씨앗을 심을 수 있습니다.

이런 의미에서 경전을 길을 찾는 지도에 비유하기도 합니다. 지도를 보고 길을 찾아가면 쉽게 목적지에 도달하지만 지도 없이 가게 되면 제대로 가기 어렵습니다. 그러나 지도를 보고 가도 모를 때가 있습니다. 그럴 때는 어떻게 할까요? 길을 잘 아는 사람에게 물어 봅니다. 우리는 인생의 목표와 목적을 가지고 살아가지만 가끔 인생이 혼란스럽고 어찌해야 할지 모를 때가 있습니다. 그때 필요한 사람은 경험이 있는 스승입니다.

그러나 가끔 아예 지도도 펴보지 않고, 또 길을 가지도 않으면서 묻기만 하는 분들이 있습니다. 그러면 공부가 나아지지 않습니다. 해보지도 않고 묻기만 하면 항상 똑같은 대답밖에 들을 수 없습니다.

아는 것과 해 보는 것은 큰 차이가 있습니다. 불교 공부는 더욱 그렇습니다. 내 자신의 경험이 쌓이면 그만큼 모든 것이 새로워집니다. 그래서 자신을 점검하는 공부는 중요합니다.

경전은 다만 가르쳐 줄 뿐입니다. 지도는 그 자체에 문제가 있는 것이 아니라 그것을 사용하는 사람의 문제입니다. 그러므로 우리가 지도를 보지 않거나 잘못 읽고, 또 제대로 읽었다고 해도 실제로 가보지 않아서 문제가 생기는 경우가 많습니다.

인생은 아는 것만으로는 부족합니다. 어쩌면 시행착오를 거듭해야 하는지도 모릅니다. 그럴 때 우리에게 필요한 것은 연습이라는 마음가짐입니다. 운전면허를 딸 때 필기시험만으로는 되지 않습니다. 실기시험도 봐야 합니다. 그렇다 해도 초보운전입니다. 이 상태를 벗어나는데 실제의 운전연습보다 더 좋은 방법이 있을까요? 처음에 운전이 서툴러서 사고가 났다고 낙심하고 절망한다면 영영 운전을 할 수 없습니다.

사고는 실패가 아니라 과정이라고 생각해야 운전을 잘할 수 있습니다. 그렇다면 과연 어떤 것이 실패일까요? 그만두고 좌절하는 것이 실패입니다. 어렵고 힘들지만 꾸준한 연습을 통해 익숙해지는 것이 더 낫습니다.

경전 공부도 이렇게 생각하면 쉽습니다. 부처님 말씀이란 업장業障에 가려져 있는 불성佛性을 일깨우는 것이기 때문에 업장의 두께만큼이나 끝없는 수행의 반복이 요구됩니다. 나의 자각自覺을 경전에서 일깨운다고 생각하면 번뇌와 업장이 두터울수록 노력은 계속되고 반복되어야 합니다.

한 가지 지적하고 싶은 것은 경전을 공부하면서 불교에 대한 지식의 축적이 중생구제라는 불교 본래의 목적에 얼마나 가까운가를 고민해야 한다는 점입니다. 자칫 지식의 습득으로만 흐를 수 있는 공부는 좋지 않습니다.

질문하신 것처럼 참선과 경전 공부를 대비해서 이야기하는 분들이 있습니다. 참선수행이 아주 좋은 수행방법이라고 많은 사람들이 말합니다. 그렇지만 불교의 진리가 무엇인지, 또 부처님께서 깨달으신 내용이 무엇인지도 모르고 하는 수행은 수행이 아닙니다. 다만 교외별전敎外別傳이라 하여 문자에 너무 집착하지 말고 그 궁극적 의미를 통찰하라는 말에서 나온 것이지요.

불교가 진리일 수 있는 가장 큰 이유는 교리와 수행법이 보편타당하다는 점입니다. 수행방법은 '좋다', '나쁘다'의 분별이 있을 수 없습니다. 다만 차이는 있겠지요. 경전을 공부하면서 마음을 닦아도 참선이고, 염불을 하면서 마음을 닦아도 참선입니다.

무엇이 불법입니까

38.
화두는 무엇이며, 화두를 들려면 어떻게 해야 하는지요

"많은 사람들은 참선 수행이 가장 수승하다고 하는데 초보 불자들에겐 어렵게만 느껴집니다. 어떻게 하면 쉽게 접근할 수 있을까요? 간화선에서 말하는 화두는 무엇입니까? 화두를 들려고 해도 잘 안 됩니다."

우리 시대 불교의 수행에는 여러 가지 방식이 있습니다. 염불이나 절을 통한 참회기도, 경전공부, 참선 등 불자들이 할 수 있는 수행은 많습니다. 그중에서도 참선參禪은 현대인들에게 아주 적합한 수행방법입니다.

참선은 선에 들어간다는 말로 화두話頭를 들고 수행하는 간화선看話禪, 앉아서 선을 행하는 좌선坐禪 등과 같은 의미로 씁니다.

참선 수행에는 출가와 재가의 구별이 없습니다. 사회적

인 능력의 유무와도 전혀 관계가 없겠지요. 남녀노소 누구나 화두를 들고 참선할 수 있습니다. 가끔 불자들 중에는 화두를 들고 참선하는 것을 근기가 아주 뛰어난 불자들만이 할 수 있는 수행이라고 생각하는데, 절대로 그렇지 않습니다.

언제부터인지 참선은 출가한 스님들이나 일부 재가자들만이 하는 수행으로 여겨지고 있습니다. 이러한 생각은 참선이 생활화되고 일반적인 수행으로 널리 보급되는 데 큰 장애가 되어 온 것이 사실입니다. 자신이 본래 부처의 성품을 가지고 있다는 믿음, 불교에서는 이것을 신심信心이라고 합니다. 그런 신심이 확실하다면 그것으로 참선을 행할 수 있는 근기는 충분합니다.

어떻게 참선 수행을 시작하면 좋을까요? 남들이 한다고 무턱대고 따라하는 것, 좋다고 하니까 따라 해보는 것, 요즘 불자라면 참선 정도는 해야 하지 않겠느냐는 가벼운 생각으로 참선을 접하는 것은 거의 실패할 확률이 높습니다.

특히 초심의 불자들에게 필요한 것은 먼저 부처님의 깨달음에 대한 바른 이해입니다. 시간이 좀 늦어지더라도 부처님 가르침에 대한 바른 이해는 꼭 필요한 과정입니다.

바른 이해를 통해서는 바르게 보는 시각과 가치관을 세워야 합니다. 그런 다음에는 발심입니다. 발심은 깨닫고자 하는 마음을 내는 것입니다. 스스로의 삶에서 괴로움을 떨치고 영원한 행복에 길로 나아가겠다는 간절한 마음이 필요한 것이지요. 신심과 발심만 갖추어진다면 이제 꾸준히 노력하는 정진이 필요합니다.

선에도 여러 가지가 있습니다. 현재 우리나라에서는 간화선이 선을 대표한다고 해도 과언이 아닐 정도로 대세를 이루고 있습니다. 간화선은 화두를 들고 탐구하는 선입니다. 화두는 말과 생각이 끊어져 언어와 생각으로는 알 수 없는 말입니다. 일상에서 쓰는 상대적인 말이나 번뇌와 시비로 얽혀진 생각이 아닌 부처님이나 깨달은 선사들이 쓰는 말인 것이지요.

화두를 참구할 때는 하루 24시간 중 5분이나 10분이라도 규칙적으로 매일매일 해나가는 것이 좋습니다. 하루 시간을 내서 몰아서 하기보다는 규칙적으로 하는 것이 중요합니다. 처음에는 쉽지 않겠지만 생각해보면 하루 10분 정도의 시간을 내는 것은 어렵지 않습니다.

규칙적인 공부가 몸에 익으면 다음은 시간을 늘리는 것

이 좋겠지요. 그런 작업을 거치고 나면 시민선원이나 가까운 사찰에 가서 정진에 몰두하면 좋습니다. 정진은 그것 자체가 공부의 힘을 길러 줍니다.

조계종에서는 해마다 2천여 명이 넘는 스님들이 일년에 두 차례, 각각 세 달씩 안거에 들어갑니다. 절 밖 출입을 금하고 참선에 들어가 수행 정진하는 것입니다.

요즘은 재가 불자들을 위한 도시의 시민선방도 전국적으로 많이 생겨나고 있습니다. 그에 따라 참선을 하는 재가 불자들도 상당히 많은 걸로 알고 있습니다. 직장생활과 가정생활이 바쁘긴 하지만 시간을 쪼개어 수행 정진할 수 있도록 마음을 내 보십시오. 수행의 기쁨은 어려운 조건에서 더욱 커질 것입니다.

39.
출가의 의미를 일상에서 적용하려면 어떻게 해야 합니까

"음력 2월 8일은 '부처님의 출가재일' 입니다. 일반 불자들이 현실 생활 속에서 출가의 의미를 어떻게 적용시키면 좋을까요?"

먼저 출가出家의 의미부터 살펴보겠습니다. 출가는 말 그대로 가정을 버리고 수행의 길로 나서는 것을 의미합니다. 석가모니 부처님의 경우를 보더라도 출가란 철저한 금욕을 기초로 한 자기절제의 대단히 힘든 길로 들어서는 것을 의미했습니다.

스님들은 어떻게 출가했을까요? 처음에는 삼귀의의 맹세와 부처님의 허락으로 스님이 되었답니다. 그러나 지금은 출가를 한다고 해서 모두가 스님이 되는 것은 아닙니다. 일정기간의 수련기간을 거쳐야 그 자격이 인정됩니다. 행자行者생활이 그것인데, 세속의 인연을 잊고 새로이 태어나는 과정이기 때문에 힘든 기간입니다. 행자생활을 마치면 사미(니)계를 받고 다시 4년 정도의 전문적인 교육을 통해서 비로소 완전한 스님으로 거듭나게 됩니다.

한때 세상살이가 힘들면 '머리 깎고 스님이나 되자'는 푸념이 있었지만 그런 푸념은 출가가 아니고 도피지요. 출가를 도망 다니는 도피와 혼동해서는 안 됩니다. 그런 분들은 필경 행자생활의 고됨에 다시 세속으로 돌아가곤 합니다.

처음 불교 경전을 서양에서 번역할 때, 부처님의 출가를 '위대한 포기'라고 표현했습니다. 미래가 보장된 왕위와 그에 따르는 세속적인 부귀, 권력을 버린 것을 보고 그렇게 번역한 것입니다. 포기란 말은 좋은 표현은 아니지만 서양 사람들에겐 그것이 정말 위대하게 생각되었겠지요.

저는 출가란 '위대한 전진'이라고 생각합니다. 모든 중생들의 근본 고통인 생로병사에서 벗어나는 길을 우리에게 보여주셨기 때문이지요.

출가를 모습으로 판단하지 않고 그 본질을 새기는 '마음의 출가'도 있습니다. 출가란 말과 가출家出이란 말의 글자 뜻은 서로 비슷하지만, 출가는 보다 큰 목표를 위해서 집을 떠난다는 의미가 있기 때문에 큰 차이가 있습니다. 유마거사의 표현처럼 무상보리심無上菩提心, 반드시 최상의 깨달음을 이루겠다는 마음을 내야 진정한 출가라고 할 수 있습니다. 이것을 넓은 의미로 '마음의 출가'라고 합니다.

재미난 얘기가 하나 있습니다. 어느 마을에 절과 술집이 나란히 붙어 있었답니다. 절에는 스님이 한 분 사셨고, 술집에는 젊고 예쁜 여인이 살았다고 합니다. 나중에 두 사람이 죽었는데 스님은 지옥으로, 술집 여인은 극락세계에 태어났다고 하네요. 스님은 절에 살았지만 항상 옆의 술집을 생각했고, 술집 여인은 이웃의 스님을 부러워하며 항상 내생에는 수행자의 삶을 살도록 기도하고 발원했다고 합니다. 결국 마음의 차이가 지옥과 극락의 경계가 된 것입니다. 이렇게 출가는 모양으로 보여지는 모습이 아닌 마음의 작용이 크다고 하겠습니다.

어떻게 출가의 의미를 현실생활에 적용해야 될까요? 우선 '포기'에 대해 생각해 봅니다. 누구나 세상을 살면서 가끔은 포기해야 할 때와 포기해야 할 것들이 있습니다. 무엇을 포기하나요? 항상 내 생각이 옳을 수만은 없습니다. 내 것만을 다 가지려고 해서도 안 되겠죠. 큰 것은 아니더라도 작은 무엇인가를 포기해 보세요. 내 이웃을 위해, 내 가족을 위해서 자신의 무엇인가를 양보하시죠. 그것은 부처님과 같은 위대한 포기는 아니더라도 출가의 의미를 실현하는 작은 계기가 될 것입니다.

다음은 출가정신을 마음에 새기는 일입니다. 출가를 했지만 세속적 욕망에서 벗어나지 못한다면 제대로 된 출가라고 할 수 없습니다. 머리 깎고 승복을 입어야만 출가는 아닙니다.

반면에 비록 재가在家에 있지만 마음을 깨끗이 하고 남을 위해 헌신하며 사는 사람을 '심心출가' 했다고 얘기합니다. 마음의 출가를 위해서 노력해 보시고, 생활에 적용해 보시기 바랍니다.

어리석은 자는 수행의 이익을 모르며
수행을 손해 보는 짓이라고 생각한다.

지식이 있는 자는 수행의 이익을 알지만
생각으로 그치고 수행을 하지 않는다.

공덕을 쌓은 자는 수행의 이익을 알아
마음 모으는 수행으로 선정의 고요함을 얻는다.

지혜롭고 선한 자는 수행의 이익을 알아
마음 살피는 수행으로 해탈의 자유를 얻는다.

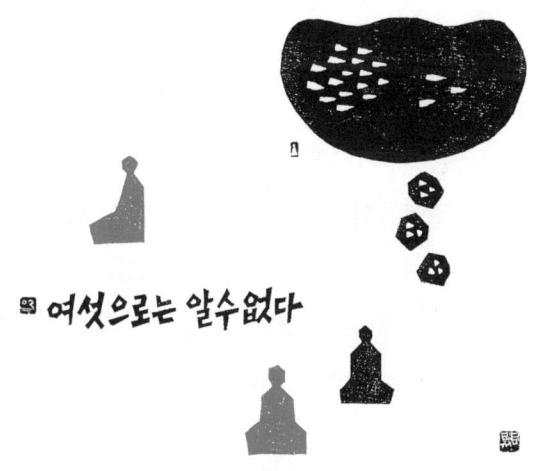

03 여섯으로는 알 수 없다

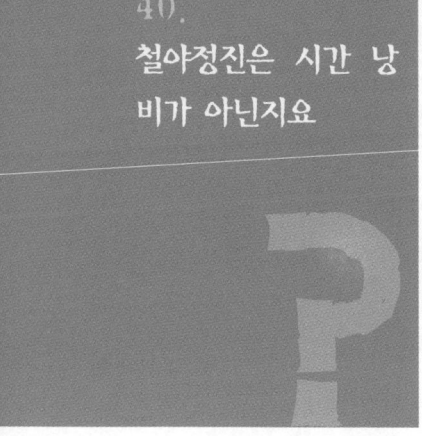

40. 철야정진은 시간 낭비가 아닌지요

"절에서는 성도재일에 철야 용맹정진을 합니다. 주말에도 철야로 정진을 하는데 평소에 시간을 내서 수행하기 어려운 저로서는 빠지지 않고 참석하는 편입니다. 그러나 마음먹은 대로 잘 되지 않고 어떤 때는 힘들어서 시간만 낭비하는 것이 아닌가 하는 생각이 듭니다. 조언을 듣고 싶습니다."

많은 사찰에서 부처님 성도일成道日이 되면 철야로 용맹정진勇猛精進을 합니다. 잘 알고 계시겠지만 성도일에 대해서 한 말씀 드리겠습니다.

성도일은 부처님께서 6년 고행의 힘든 수련에 종지부를 찍고 일주일간의 선정을 통해 깨달음을 이루신 날입니다. 고행을 통해서는 깨달음을 얻을 수 없다고 생각한 수행자 고타마 싯다르타는 고행을 멈추면서 목욕을 하고 수자타 여인의 우유죽 공양을 받습니다. 그리고 부다가야의 네란

자라강 근처의 보리수 나무 아래에 자리를 펴고 앉아 선정에 듭니다. 고타마는 '내가 여기서 깨달음을 얻지 못하면 차라리 이 몸이 부서지는 한이 있더라도 마침내 이 자리에서 일어나지 않으리라'는 굳은 결심을 합니다. 그래서 결국 마왕 파순으로 대표되는 마구니의 무리를 내쫓고 깊은 선정에 들어 12월 8일, 새벽별이 반짝이는 이 날에 모든 미혹의 번뇌를 일순간에 다 끊어버리고 정각正覺을 얻어 부처님이 되십니다.

불자들에게 이 날은 특별합니다. 전국의 사찰에서 성도일 전날 저녁부터 성도일 새벽까지 잠을 자지 않고 정진을 하는 것을 보통 철야 용맹정진한다고 합니다. 재가자들뿐 아니라 스님들이 정진하고 있는 전국의 선원에서도 성도일 일주일 전부터는 기간을 정해 더욱 공부에 매진합니다. 이것을 가행정진加行精進이라고 하는데 평소보다 훨씬 더 많은 시간과 노력을 통해 특별 정진에 들어가는 것이지요. 몇몇 선원에서는 아예 허리를 방바닥에 눕지 않는, 말 그대로 24시간을 일주일 동안 장좌불와로 용맹정진을 합니다.

사실 우리는 용맹정진이라고 하지만 부처님과 비교하면 부끄럽습니다. 부처님의 고행은 경전에서 전하는 내용을 보더라도 죽음을 앞에 둔 사람처럼 초인적인 수행을 하셨음을 알 수 있습니다.

비바람을 피할 수 있는 법당에서, 요즈음 더구나 난방시설이 잘 되어 있어서 별로 추운 줄도 모르고 정진합니다. 힘들고 기운이 없다고 간식 같은 것을 먹어 가면서 정진합니다. 편안한 정진이라고 할까요?

잠을 자지 않고 몸을 혹사한다고 하여 용맹정진은 아닙니다. 어떤 큰스님께서는 한 시간 더 자고 용맹정진하라고 말씀하기도 하셨지요. 용맹정진은 '잠을 자지 않고 하는 것'이 중요한 게 아니라 '얼마만큼 또렷하게 할 것인가'가 훨씬 더 중요합니다.

그저 앉아만 있다고 공부가 되는 것은 아니라고 생각합니다. 참선할 때 앉아서 혼몽한 상태에 빠지는 것이나 힘이 들고 지루해서 그저 시간만 때우는 정진이 된다면 소용없는 공부가 될 수도 있겠지요. 그래서 중요한 것은 깨달음에 대한, 수행에 대한 굳은 각오와 정신을 또렷하게 하고 정진에 임하는 것입니다.

정진하면서 큰 변화를 기대하기보다는 마치고 나서 내 마음에 할 수 있다는 용기와 부처님의 자비로움이 생겼다면 그것으로 족합니다. 마음 안에다 부처님이 될 씨앗을 많이 뿌렸다고 생각한다면 큰 성과이지요. 정진을 마친다고 해서 외형적인 큰 변화가 바로 오는 것이 아닙니다.

마음이 근본적으로 변화되거나 그런 조짐만 있어도 이번 정진은 성공한 것입니다. 철야정진을 하고 나서 마주하는 사람마다 미소로 대하고 자비로움을 전달해 보십시오. 깨달음은 말로 표현되는 것이 아닌 마음이 그대로 생활에 나타나는 것이 아닐까 하는 생각해 봅니다.

죽음은 빨리도 오고 있는데
그때 자량을 쌓는다 한들
그때 게으름을 버린다 한들
때가 늦었는데 무슨 소용이 있는가.

            입보리행론

한순간도 흐름이 멈추지 않는다

41. 만행도 수행의 일종이라고 하는데 맞는지요

"스님들이 안거가 끝나면 만행을 하신다고 들었습니다. 이것도 수행의 일종인가요? 만행이란 무엇이며, 또 만행을 할 때는 주로 어떤 수행을 하는지요?"

만행萬行이란 말 그대로 '만 가지 행'을 말합니다. '만'이라는 숫자가 상징하듯이 '모든 수행'이라는 정도로 해석할 수 있겠지요.

보통 만행은 부처님 당시 출가 수행자들의 유행遊行과 두타행頭陀行의 전통에서 그 기원을 찾습니다. 유행은 어느 한 곳에 머물지 않고 여러 곳을 다니면서 수행하는 것입니다. 두타행은 걸식하고 누더기 옷을 입고, 일정한 거처 없이 수행하는 것이 기본입니다.

옛날부터 두타행은 어렵고 힘든 수행의 대명사였습니다. 부처님의 법을 이어 받았던 제자인 마하가섭 존자를 두타제일頭陀第一로 부르는 것은 잘 알려진 사실입니다. 두타행은 사의지四依止라고 해서 다음의 네 가지를 가장 이상적인 수행의 모습으로 제시합니다.

첫 번째는 탁발托鉢입니다. 걸식에 의해 하루에 한 끼만을 먹는 것이지요. 그러나 요즘 조계종에서는 특별한 경우를 제외하고는 사실상 금지하고 있습니다. 두 번째는 분소의糞掃衣라고 합니다. 남이 버린 누더기를 기워 입는 것을 말합니다. 스님들이 입으시는 가사袈裟가 대표적입니다. 무소유無所有의 상징과도 같습니다. 세 번째는 수하좌樹下坐입니다. 나무 밑이나 동굴, 무덤 가 같은 곳에서 기거했습니다. 네 번째는 부란약腐爛藥이라고 해서 소의 오줌을 발효시켜 만든 약과 같이 최소한의 의약품을 사용했습니다.

이런 생활 방법은 철저한 금욕과 계율의 준수, 최소한의 소비로 중생들의 헛된 욕망과 탐욕을 경계하는 수행의 방법으로 제시된 것이지요. 오로지 진리의 추구와 진리의 베풂으로 살아가는 것이 수행자의 생활상이고 이것을 일러 두타행이라고 한 것입니다.

출가한 스님들을 보통 운수납자雲水衲子라고 지칭하고 운수행각雲水行脚이란 말로 스님들의 모습을 표현합니다. 요즘은 만행을 이렇게 이해하는 사람들이 많습니다. 구름과 물처럼 흘러가는 대로 떠도는 생활은 어디에도 집착함이 없는 수행자들의 정신을 온전히 표현한 말입니다. 그러나 좀 더 생각해보면 그것은 단순하게 집착을 끊는 것에 목적을 두지만은 않습니다.

잘 아시다시피 불교의 궁극적인 목적은 중생구제에 있습니다. 출가 수행자들이 세속에서 멀리 벗어난 조용한 산속에서 금욕적인 생활을 하며 수행하는 것은 괴로움을 없애고 진리를 참구하는 한 방법입니다. 그러나 개인의 고통과 중생의 고통을 다른 것으로 보지 않는 것이 또한 불교의 시각입니다. 그래서 각자가 짓는 개업個業도 있지만 함께 짓는 공업共業이라는 표현도 있습니다.

3개월의 안거 기간 동안 수행자들은 철저한 자기와의 싸움을 합니다. 안거가 끝나면 비교적 자유로운 상태에서 중생을 살피고 교화하는 수행을 하기도 하지요. 흔히 알고 있는 것처럼 무작정 돌아다니는 것이 만행은 아닙니다. 안거 기간에 공부를 열심히 했다고 쉬는 것은 더욱 아닙니다. 자신을 담금질했던 치열함을 점검하고 공부에서 오는 자만을 하심으로 꺾고 단련할 때 공부는 더욱 깊어진다고 배웠습니다.

석가모니 부처님께서도 성도하신 이후 45년간을 전법하시고 교화하셨습니다. 중생들을 구제하기 위한 부처님의 가르침은 여러 가지의 형태로 전해집니다. 부처님께서 진리를 깨닫고 그 깨달음을 중생들에게 회향하는 삶, 그 자체가 대표적인 만행이라 할 수 있습니다.

우리 스님들도 여러 가지 만행으로 당신들의 공부를 점검합니다. 예전과는 다르게 인도나 티베트 같은 부처님의 성지순례도 많이 하고, 사회복지시설에서 봉사하는 스님들도 많이 있지요. 인연 있는 사찰에서 기도로 정진하시는 분들도 많습니다.

이렇듯 만행은 수행의 휴식이 아니라 수행의 연속이자 수행의 한 방법이라고 이해하면 되겠습니다.

진실로 아무것도 갖지 않은 사람은 행복하다.
지혜로운 사람은 무엇이든 자기 것으로 생각하지 않는다.
자, 보라. 많이 가지고 있는 사람이
여기저기에 얽매여 그 얼마나 괴로움을 당하고 있는가를.

우다나 이티붓타카

42. 스님들도 정치에 참여하나요

"다니는 절에서 행사를 할 때 정치인들이 자주 참석합니다. 순수한 의도라고 생각이 되지 않는 것은 그들의 정치 행태가 옳지 못하기 때문이라고 생각되는데, 꼭 정치인들이 행사에 참석해야 하나요? 스님들도 정치에 참여하는지요?"

정치政治란 말을 사전적인 의미로 이해할 때는 권력, 정권, 선거 같은 이미지가 떠오릅니다. 그러나 일반적인 의미에서는 우리 삶의 실제적인 모든 분야를 다스리는 행위라고 이해합니다. 어떤 분들은 '경제는 경제논리', '문화는 문화의 논리'가 있다고 말씀합니다. 제 생각에는 경제와 문화 자체는 정치와 밀접한 관계를 갖기 때문에 꼭 그렇게만 되지는 않는 것 같습니다.

이와 같이 우리의 생활영역 어디에서든 정치의 영향은

매우 크기 때문에 정치가 올바로 역할을 해내지 못한다면 피해는 곧 나와 우리에게 미칩니다. 특히 우리나라와 같이 민주적인 정치의 역사가 짧은 경우는 더욱 그렇지요.

정치인이나 정치지도자들은 정치를 주도해 가는 인물들입니다. 그래서 올바른 가치관에 의해 정치적 행위를 해야 하지만 안타깝게도 우리의 현실은 그렇지 못합니다. 오죽했으면 '정치(인)는 삼류'라는 조롱을 받겠습니까? 그러나 그 책임이 꼭 그들에게만 있는 것은 아닙니다. 우리의 선택에 의해 그들이 있기 때문에 우리도 책임에서 자유로울 수는 없습니다.

질문하신 것처럼 절에서 행사를 치르다 보면 정치인들이 자주 왕래합니다. 주권재민主權在民의 무서움을 알아서 주민의 민원이나 불편함을 해소하는 정치적 행위라면 나무랄 일만은 아닙니다. 하지만 단순히 표를 의식하는 행위라면 비판받아 마땅하겠지요.

저는 오히려 행사를 주관하는 스님들의 의식 전환이 필요하다고 생각합니다. 행사의 성격상 굳이 참여가 필요 없는 정치인들을 부를 필요는 없지 않을까요? 그들이 개인적인 차원에서 신도의 한 사람으로 행사에 참여했다면 모르지만 말입니다.

부처님 당시의 교단에서 출가 수행자들의 정치 참여는 금지되어 있었습니다. 그러나 부처님께서는 훌륭한 정치가 어떤 것인지에 대해서는 여러 번 강조하셨지요. 그 중 《열반경》에 나오는 베살리 밧지족에 관한 이야기는 유명합니다. 부처님께서 최후의 안거를 베살리 교외에서 보내셨는데 당시 마가다국이 베살리를 공격하기 위해 자문을 청했을 때 말씀하신 내용이 칠불퇴법七不退法이라고 알려져 전해 오고 있습니다.

베살리의 밧지족이 자주 회의를 열어 중의衆意를 존중하는 공론公論의 정치를 행하고 부모와 어른을 공경하며 법과 도덕, 정의를 지키는 민족이기에 결코 쇠망하지 않을 것이라는 부처님의 가르침은 현대 사회에서도 시사하는 바가 크다고 하겠습니다.

신도들과 차담茶啖을 나누다보면 자연스럽게 정치를 비롯한 사회 전반에 대한 이야기를 할 때가 있습니다. 법문 중에도 그럴 때가 있지요. 헌법에 명시된 정교분리政敎分離의 원칙이 있습니다만 중생을 제도하는 것이 목표인 불교와 스님들이 중생의 삶의 태도와 가치관에 큰 영향을 끼치는 정치에 대해 이야기하는 것은 당연합니다. 그러다보니 가끔은 출가자들도 정치적인(?) 입장을 표명해야 할 때가 있습니다. 특정한 시기를 지칭하지는 않더라도 국민의 여론이 대변되지 못하고 왜곡된다면 상황에 맞는 정치적인 요구와 발언은 언제라도 해야 하는 것이라고 생각합니다. 국민의 의견을 무시하는 정치인들, 도덕성이 결여된 정치인들은 당연히 비판받아야 합니다.

 다만 스님들의 정치적인 발언은 사회의 부조리에 대한 근본적인 대책으로서 제시되어야 하고 불자의 정체성을 잃지 않으면서 비판을 가할 수 있는 입장이 되었으면 합니다. 부처님의 가르침에 따른 중생교화와 중생제도를 위한 정치적 지도는 언제나 필요한 것입니다.

43. 스님들의 육식은 계율에 어긋나는 것인지요

"스님들의 육식肉食은 계율에 어긋나는 것인지요? 덧붙여 재가 불자들의 육식에 관해서도 말씀해 주세요. 출가자가 아닌 재가 불자들이 육식을 하지 않는 것은 대단하다고 생각됩니다."

불자님의 질문에 답변을 드리기 위해서 우선 두 가지를 알아보겠습니다.

하나는 계율戒律에 관한 부분입니다. 율장에서 육식에 관한 부분을 찾아보면 불견不見(잡는 모습을 눈으로 직접 보지 않은 고기), 불문不聞(나를 위해 잡았다는 말을 듣지 않은 고기), 불의不疑(나를 위해 잡았으리라는 의심이 없는 고기)라고 해서 삼정육三淨肉을 허용하고 오종·구종 정육에 대해서도 언급되어 있습니다.

엄밀히 말하자면 부처님 재세 시에는 육식이 계율로 금지되지는 않았던 것 같습니다.

잘 아시다시피 부처님 당시 수행자들의 식생활 원칙은 주는 대로 먹는 것입니다. 수행자들에게는 걸식乞食이 중요한 수행법이었기 때문에 음식을 가려 먹을 입장이 아니었을 것으로 생각됩니다. 음식을 탁발하면서 맛이 있고 없고를 가리지 않았고, 먹고 싶은 음식이나 채식 육식을 선택하지 않고 인연 따라 탁발을 했답니다. 받는 이의 선택권보다는 주는 이의 공덕을 중요하게 생각했기 때문입니다.

《사분율四分律》 같은 율장에도 음식의 종류보다는 주로 음식을 먹는 방법이 강조되어 있습니다. 이러한 전통으로 부처님 당시의 모습을 많이 보존하고 있는 남방불교에서는 지금도 불전佛前의 공양물로 육류와 생선 같은 것을 제한하고 있지 않다고 하네요. 티베트에서는 스님들의 주식이 고기와 밀가루랍니다.

그러나 대승불교가 발달하면서 불교가 가진 불살생계不殺生戒의 정신이 강조되어 살생을 가져오는 육식을 금하는 쪽으로 발전합니다. 그래서 《범망경梵網經》 같은 경전에서 불자는 고기를 먹지 말라고 하면서 일부러 먹으면 죄가 된다고 말하기까지 합니다. 범망경은 북방의 대승불교권에서 쓰이는 계본입니다. 이렇게 남방과 북방 불교권에서 계율의 차이가 나는 것은 문화와 지역적 특성이 다르기 때문입니다.

생각해 봐야 할 또 다른 하나는 지금 현재 한국을 비롯한 대승불교권에서 채식 위주의 생활방식이 갖는 의미입니다. 채식은 자비慈悲의 확대 해석, 적극적 해석으로 생명을 존중하는 쪽으로 식문화가 발전된 것으로 보입니다. 고기를 먹는 것과 안 먹는 것을 두고 어느 쪽이 옳고 그른지를 판단하는 것보다는 그 밑바탕에 깔려 있는 자비의 의미를 새겨볼 필요가 있는 것이지요.

덧붙여 말한다면 승가의 수행방식에는 육식보다 채식이 더 적당하다고 생각합니다. 청정과 청결의 측면도 그렇고 많은 인내력을 요구하는 수행법에도 채식이 나은 건 사실입니다. 채식은 확실히 신체적인 건강과 심성의 부드러움, 인자한 성격과 인내력을 키우는 데 도움이 됩니다. 과학적으로도 채식을 위주로 하는 생명체들이 지구력이 뛰어난 것으로 증명되지 않습니까?

재가불자들의 식생활은 개인적으로 선택해야 할 부분입

니다. 건강이나 신체적 필요에 의해서 채식이 필요한 경우도 있습니다. 발원을 세워 채식을 하는 경우도 있지요. 훌륭한 일이긴 하지만 개인적 수행을 위해 식생활을 조절하는 일이 자랑할 일은 아닌 것 같습니다.

어쨌든 불교는 처음부터 형식적으로 채식에 치우치지 않았습니다. 음식에 대한 탐심만 내지 않는다면 육식과 채식의 제약을 두지는 않았습니다. 반복해서 말씀드리지만 중요한 것은 음식에 집착하지 않는 마음이지 내용물은 아니라는 가르침으로 이해하면 되겠습니다.

육식과 채식의 문제에 있어서 우리에게 주어진 선택은 최선을 다하여 부당한 살생을 피하고 다른 생명체에 유용한 방식으로 살아가는 것이 아닐까 생각합니다.

44. 스님들의 가사는 어떻게 만듭니까

"신문에서 스님들의 '가사'를 조계종 총무원이 주관하여 직접 제작하기로 했다는 기사를 읽었는데, 무슨 의미가 있습니까? 승복 제작자들의 반발도 있다고 하던데요."

질문에 답변을 드리기 위해서 먼저 '가사'에 대해 알아보겠습니다.

가사는 다양한 의미가 담겨져 있는 수행과 의식의 옷입니다. 원래 인도의 산스크리트어 카사야kasaya라는 말에서 유래되었는데, 괴색壞色이라 해서 색깔을 파괴했다는 의미로 쓰였습니다. 한국 불교에서는 비슷한 뜻으로 검게 물들인 옷인 치의緇衣라는 이름이 있는데, 스님들을 치문緇門이라고 말하는 것도 이런 이유에서입니다.

또 가사는 흔히 시주받은 천을 조각조각 꿰매어 만들어 입었다는 의미로 납의納衣라고도 합니다. 스님들이 스스로를 낮추어 납자衲子, 소납小衲이라고 칭하는 것도 납의를 입은 수행자란 말에서 나왔습니다.

부처님 당시에는 분소의糞掃衣라고도 했습니다. 분소의란 죽은 시체를 감싸던 천을 말합니다. 물질적으로 보면 전혀 가치가 없어 버리는 천인데 부처님과 그 제자들은 이것으로 옷을 만들어 입었습니다. 왜 이런 옷을 입었을까요? 아무것도 갖지 않는 수행자에게 몸을 가리는 기능만으로 가사의 역할은 충분하다고 본 것입니다.

이런 이유로 가사는 공양그릇인 발우와 더불어 스님들이 평생 동안 간직하는 청정과 무소유의 대명사가 됩니다. 그리고 스승과 제자사이에 법을 잇는 증표로 사용되기도 했습니다.

복전의福田衣란 말도 있습니다. 가사를 보시하거나 입음으로써 복을 받는다는 의미와 함께 길고 짧은 조각을 이은 것이 마치 전답田畓 모양을 상징한다고 해서 붙여진 이름입니다. 여기에서 가사가 기원했다고 하는데, 경전은 이렇게 전하고 있습니다.

부처님의 설법에 깊은 감명을 받은 마가다국의 프라세나지트왕이 어느 날 말을 타고 길을 가는데 반대편에서 불도 수행자가 오므로 말에서 내려 공손하게 인사를 했습니다. 그런데 알고 보니 그들은 불제자가 아닌 바라문이었습니다. 왕은 바라문을 불제자와 혼동한 것을 큰 실수로 여기고 부처님을 찾아가 불제자를 한눈에 알아볼 수 있도록 승복의 제정을 간청했는데 이때 부처님께서 옆에 있던 아난을 보고 논을 가리키면서 저런 모양으로 하면 좋겠다고 말씀하신 것이 가사의 시작이 되었다는 것입니다.

이렇게 많은 뜻을 지니고 있는 가사는 부처님 당시부터 사사공양四事供養의 하나로 중요한 보시의 품목이었습니다. 재가자들이 출가자들에게 올리는 보시의 대표적 방법이 사사공양인데 여기서 4가지는 음식, 약, 옷, 방사房舍를 의미합니다. 옷의 공양이 바로 가사인 것이지요.

인도에서 가사는 일년내내 입을 수 있는 평상복이었습니다. 지금도 기후가 따뜻한 남쪽 지방에서는 가사 외에는 다른 옷이 필요 없으므로 맨몸에 가사만을 걸칩니다. 이것이 불교가 중국으로 전래되면서 의식이나 각종 법회를 장엄하는 의식복으로 사용 범위가 넓혀진 것입니다. 이렇게 가사를 입는 것은 부처님과 그 제자들을 거쳐 지금에 이르기까지 면면히 이어져 온 승가를 상징하는 불교의 전통입니다.

예전엔 절에서 가사불사를 벌여 절에서 스님과 신도들이 바느질로 가사를 만들어 입었지만 언제부터인가 승복을 전문으로 만드는 승복가게에서 가사를 공급하게 되었지요. 자연히 가사의 가격이 매겨지게 되고 그러다보니 값비싼 가사도 등장하게 됩니다. 또한 여러 승복가게에서 만들다보니 색깔이나 모양이 제각각이었습니다. 일반인도 쉽게 구해 입을 수 있어서 나쁘게 쓰이기도 했습니다.

이에 조계종단에서는 그 의미가 많이 변질된 가사의 공급과 의제를 바로잡고 종단의 정체성 확립과 출가 승가의 위의를 바로 세우기 위해 직접 가사제작을 주관하기로 한 것입니다.

생계문제 등이 얽혀 있는 전국의 승복 제작자들의 항의와 저항이 있긴 하지만 최근에 종단이 확고한 의지를 가지고 일을 추진 중이어서 곧 좋은 결과가 나올 것으로 생각합니다.

45. 불교계는 대사회 활동이 부족한 것은 아닌지요

"개신교 재단에서 후원하는 복지센터에서 봉사활동을 하고 있는 불자입니다. 불교의 사회적인 사업이 다른 종교에 비해서 적다고 생각합니다. 보시하는 삶이 불교의 가르침 중에서 제일이지만 그것이 사회적으로 표현되지 못하는 것이 아쉽습니다."

질문처럼 대對 사회적인 문제를 다른 종교, 특히 기독교와 비교해서 말씀하시는 분들이 많습니다. 기독교계가 사회의 어려운 사람들을 위한 복지 사업이나 교육 사업을 활발히 펼치는 것에 비교해서 불교는 그렇지 않다는 지적이지요. 또 불교는 깨달음을 너무 강조하다 보니 복지, 나눔에 대해서는 특별한 얘기가 없다고 하는 분들도 있습니다.

결론적으로 말씀드리면 부처님의 가르침이 그럴 리가 있

겠습니까? 다만 우리가 지금 접하고 있는 불교의 모습, 역사 속에서 느끼는 불교의 모습이 그러했던 것은 사실이고 깊은 반성이 필요한 부분입니다.

어려운 이웃들을 위한 불교의 가르침은 많이 있습니다. 고통은 나눌수록 작아지고 복은 나눌수록 커진다고 합니다. 십시일반十匙一飯이란 말도 같은 의미입니다. 부처님께서는 굶주리는 사람에게 먹을 것을 주어 살리는 일, 병들어 죽어 가는 사람에게 여러 약으로 치료하는 일, 가난하고 외로운 사람들을 돕고 위로하는 일, 청정한 수행자를 외호하는 일이 여래如來에게 올리는 공양과 같은 공덕이 있다고 말씀하셨습니다.

요즘은 불교계도 많이 바뀌었습니다. 많은 절들이 지역의 어려운 이웃이나 복지 사업에 관심을 가지고 있습니다. 큰 행사를 치르면서 회향의 공덕을 이웃에게 돌리는 절들이 많아졌지요. 물론 아직은 부족한 면이 많습니다. 힘을 모아 보다 의미 있는 사업을 해야 하지만 이제 겨우 걸음마를 시작했다고 할 수 있습니다. 점차로 나아지리라 생각합니다.

덧붙여 한 말씀 드리겠습니다. 전에 읽었던 글 중에서

'나눔은 습관, 베풂은 수행' 이란 말이 생각납니다. 지금은 우선 불자 여러분 한 분 한 분이 먼저 보시하고 나누는 문화를 만들어 가야 합니다. 나눔을 통해서 내 자신이 달라진다면 그 다음은 우리 불교계가 달라질 것입니다. 실천 가능한 나눔을 찾아 봐야겠지요.

이웃들을 위한 나눔은 어느 날 갑자기 할 수 있는 것이 아닙니다. 평소에 작은 것부터 베풀고 나눔을 실천하는 사람이 보다 큰 것을 보시할 수 있습니다.

나눔과 베풂은 내 마음에 가득한 인색함과 삼독심, 그리고 이기심을 덜어 주기 때문에 자신의 마음과 행동을 순수하고 맑게 만들어 줍니다. 결국 나눔과 베풂은 자기를 위하는 수행이 되는 것이지요. 인색하고 욕심 많고 어리석은 사람은 베풀지 못합니다. 나눌 줄 아는 사람에게 어떻게 인색함과 욕심과 어리석음이 자리 잡을 수 있겠습니까? 그래서 나눔과 베풂은 수행입니다. 나의 잘못을 고쳐 맑은 바탕을 드러내주는 수행의 길입니다.

이제는 우리 불자들에게도 나눔에 대해 단순하고 막연하게 생각하지만 말고 구체화하고 실천하는 모습을 권해 봅니다. 아름다운 세상을 만들기 위한 아름다운 보시의 방법에 눈과 귀의 관심을 둘 때입니다.

가령 우리는 시간의 1%, 수입의 1%, 유산의 1% 정도를 나눔으로써 주변을 따뜻하게 할 수 있습니다. 자기가 할 수 있는 여러 일들을 통해서도 얼마든지 나눌 수 있는 것입니다. 저도 요즘 노인복지센터에서 노인 분들을 위한 불교강의를 통해 작은 참여를 하고 있습니다. 후원하는 곳이 개신교 재단이지만 아무 문제가 되지 않습니다.

배고픈 자를 먹이고 병든 자를 치료하며, 가난한 자를 돕고 외로운 자를 위로하는 것은 부처님의 근본 가르침입니다. 불자가 부처님 가르침대로 사는 것은 당연합니다. 우리들 모두 자신이 할 수 있는 일을 찾아봅시다. 마음은 한 번 내는 것이 어렵습니다. 그러나 시작만 하면 그 다음부터는 훨씬 쉽습니다.

46. 전쟁이나 지역분쟁에 대하여 부처님께서는 어떻게 말씀하셨는지요

"북한의 핵실험으로 우리 주변에 긴장이 조성되어 불안합니다. 불교는 평화의 종교라고 알고 있는데, 전쟁이나 지역의 분쟁 같은 갈등을 어떻게 보아야 하나요? 또 그것을 해결하는 불교의 가르침은 무엇입니까?"

잘 아시다시피 불교의 가르침은 개인의 평화로움을 중요시합니다. 이것은 개인의 도덕과 인격의 완성이라는 점에서 훌륭한 수행의 전통을 낳았습니다. 그래서인지 불교의 수행 중심이 자기에게만 있는 줄 알고 있는 사람들도 많습니다. 마음공부나 산 속에서의 수행 같은 것이겠지요.

그러나 경전 곳곳에서는 부처님의 평화를 위한 노력이 세상으로 향하고 있음을 알 수 있습니다. 이와 관련된 부처님의 이야기를 한 가지 소개합니다.

부처님께서 태어나신 나라는 카필라국입니다. 카필라국과 결혼으로 맺어진 동맹국으로 콜리국이 있습니다. 부처님의 생모이신 마야부인도 콜리국 출신이었다고 합니다. 두 나라의 국경에는 '로히니'라고 불리는 강이 흐르고 있습니다. 어느 해 가뭄이 들어 강물이 눈에 띄게 줄어듭니다. 두 나라는 농업을 주로 하던 농경국가였으므로 물은 굉장히 중요한 자원이었겠지요.

물의 사용을 두고 다툼을 하던 두 나라는 결국 농부들 간의 큰 싸움으로 번집니다. 그 싸움은 두 나라가 곧 전쟁에 돌입하게 될 것이라는 유언비어를 낳고 그로 인해 많은 사람들이 불안에 떨게 되지요.

유행 중에 부처님께서도 그 소문을 듣게 됩니다. 부처님께서는 전쟁으로 인한 수많은 사람들의 피해가 무엇보다 걱정이셨겠지요. 그래서 부처님은 로히니 강으로 가십니다. 그리고 양쪽의 이야기를 귀 기울여 자세히 듣습니다. 그리고는 양쪽의 대표자들에게 농사지을 물과 사람의 목숨 중 어느 것이 소중한지를 깨닫게 합니다. 그리고 양쪽 사람들로 하여금 적은 물을 효율적으로 관리하게 가르치십니다. 결국 두 나라는 전쟁을 방지하였을 뿐만 아니라 가뭄이라는 난관도 극복하게 됩니다.

물은 농사를 짓기 위해서 필요합니다. 농사는 사람들의 생존을 위해서 필요한 일이지요. 그런데 농사를 잘 짓기 위해서 사람들의 생존을 위협하는 전쟁을 한다는 것은 모순입니다. 그 점을 부처님께서는 어느 한 편에 치우치지 않고 간곡하게 설득하고 더 좋은 결과를 이끌어 내셨습니다. 이것이 분쟁과 갈등에 대한 부처님의 입장이었습니다.

우리나라도 북한의 핵실험으로 주변 정세가 긴장과 위기에 몰리기도 했습니다. 북한 핵을 둘러싼 정치와 군사, 외교적 문제는 매우 복잡하게 얽혀 있어 섣부른 판단을 하기가 어렵습니다.

유식唯識의 가르침 중에 일수사견一水四見이란 말씀이 있습니다. 하나의 물을 보는데도 네 가지의 견해가 있다는 것이지요. 우리는 우리의 견해가 있고, 북한은 북한의 견해가, 미국과 일본, 중국, 미국, 러시아는 그들 각각의 견해가 있습니다. 많은 생각들 때문에 쉽게 결론 내리기 어려운 부분이 있을 것이라고 생각합니다. 서로의 입장을 조율하고 해결하는 역할을 할 수 있는 사람이나 장치가 없어 아쉽습니다.

북한 핵문제를 보는 불교적 입장도 명쾌하게 답변 드리기 쉽지는 않습니다. 다만 지금의 우리 불교계는 북한의 핵실험에 우려를 나타내면서도 어렵지만 종교계를 포함한 민간교류와 지원은 계속되어야 한다는 입장입니다. 그것은 빈곤과 굶주림에 고통 받는 동포에 대한 인도적 차원의 지원 사업이기 때문입니다. 그 어떤 정치, 군사적 문제도 민족의 생존에 우선할 수는 없습니다.

지금 이 시대에 부처님의 가르침을 꼭 맞게 적용하기는 힘들겠지만 근본정신은 다르지 않다고 생각합니다. 더욱 좋은 결과가 일어나도록 대화하고 타협할 줄 알아야 합니다. 자기의 이해와 목표에만 사로잡히면 큰 손실을 초래할 수 있습니다. 무엇보다도 중요한 것은 사람의 생명이기 때문입니다.

47. 불교 교세가 점점 약화되고 있습니다. 그 이유는 무엇인지요

"최근 인구조사 자료를 보면 불교 인구가 감소되는 것 같아 아쉽습니다. 아직 불교 인구가 가장 많다고는 하지만 줄곧 민족과 함께 해 온 불교의 교세가 성장하지 못하는 것은 무엇 때문인가요? 불자의 한 사람으로서 안타깝습니다."

불자님과 마찬가지로 저도 관심 있게 이와 관련된 기사를 읽었습니다. 불교 인구가 줄어든 것은 아니고 약 40만 명의 증가가 있었다고 합니다. 그러나 비율은 좀 감소했죠. 이번 조사를 짧게 표현하면 지난 10년 동안 천주교의 괄목할 만한 성장과 불교의 정체, 개신교는 후퇴 정도로 요약할 수 있겠습니다. 냉정하게 불교 인구도 인구 증가율에 비추어 줄어들었다고 봐야 정확할 것입니다.

오히려 좀 더 주목해야 할 부분은 개신교와 천주교를 합친 인구, 즉 전체 기독교인들의 숫자가 10년 전 불교보다 더욱 앞서 가고 있다는 점입니다. 이것은 비록 불교가 최대 종교로서의 위상은 있지만, 한국 사회에서 기독교는 이미 주류로 자리 잡았음을 의미합니다.

이 기사와 연관해서 봐야 할 것이 지역별 종교 인구 분포와 지난 '5·31 지방선거'에 출마한 분들의 종교별 분포입니다. 국력의 대부분이 집중되어 있는 서울을 비롯한 경기권에서의 불교의 약세는 우려할 만합니다. 또한 지방선거 후보들 중 기독교인이 불교인의 3배에 달할 정도로 불교의 교세는 미미합니다. 이런 사실들을 종합하면 한국 사회에서 불교의 영향력은 갈수록 위축되어 가고 있는 것을 알 수 있습니다.

불교계 내부에서도 오래 전부터 이런 문제에 대해 위기감을 느끼고 있었습니다. 몰랐던 것은 아닙니다. 그러나 안타까운 것은 걱정만 크다는 점이겠지요. 출가와 재가의 구성원 모두가 반성해야 합니다. 교육과 인재불사人才佛事가 중요하다는 얘기, 어린이와 청소년을 포함한 포교의 활성화가 시급하다는 소리는 벌써 오래 전부터 있던 얘기입니다. 그러나 어디서부터 문제를 풀어야 할지 모를 정도로 현실 인식이 부족한 것이 한국 불교의 모습입니다.

그러면 지금 이 상황에서 어떤 대책이 필요할까요? 먼저 원인 분석을 할 필요가 있습니다. 두 가지를 생각해 봤습니다. 하나는 불교 교단 자체의 문제들, 그러니까 스님들 위주의 종단운영, 힘을 발휘하지 못하는 조직력, 사회적 이슈나 복지 문제에 대한 의식 부족, 포교역량의 미비 등이 있을 수 있겠고 신도들 입장에서 본다면 지나친 개인 중심의 수행풍토, 공부가 부족한 점 등을 들 수 있습니다.

종단의 문제는 일단 더디기는 하지만 많은 노력을 하고 있는 것도 사실입니다. 시간이 갈수록 나아질 것입니다. 덧붙여 한 가지만 지적하자면 1970년대부터 본격적으로 시작된 도심포교가 더 활성화되고 조직화되어야 한다는 점입니다. 종단 차원의 과학적이고 체계적인 지원이 뒷받침된다면 지금보다 훨씬 나은 결과가 있을 것입니다.

숫자가 주는 의미가 크긴 하지만 보다 근본적인 문제에 대해 생각해 봐야 합니다. 지금 우리 불자들에게 필요한 것은 양적인 변화보다 질적인 변화입니다. 불자가 변해야 불교가 살아납니다. 언제까지나 '불교의 가르침은 훌륭하다'는 말씀에만 안주할 수는 없습니다. 불교의 가르침이 현실 속에서 응용되고 자기의 삶 속에서 구현되도록 노력해야지요. 책 몇 권 읽고 불교에 대해 아는 체를 하며 걱정한다고 해서 불자가 아닙니다. '여설수행공양如說修行供養'이라고 했습니다. 말과 행동이 일치되도록 솔선수범하는 자세가 필요한 때입니다.

부처님 가르침의 참뜻이 교세가 얼마나 큰 가에 있지 않음을 우리는 잘 압니다. 그러나 이 시대에 살아있는 부처님을 많이 길러내는 일은 중요합니다.

기초와 뿌리가 튼튼하지 않으면 불교의 미래는 결코 밝다고 볼 수 없습니다.

불법이 쇠락하는 것을 정말로 염려한다면
자기부터 바르게 하고 다른 사람 앞에 겸손하고
덕망 있는 이를 받들고
마음이 간사한 사람을 멀리해야 한다.

선림보훈

03 울안에서 소가 도망쳤다

48. 소승불교와 대승불교는 무엇이 다른지요

"소승과 대승 불교 모두가 부처님의 가르침인 것 같은데 대승의 장점이 강조되다 보니 소승은 잘못된 가르침이라는 오해가 생깁니다. 소승과 대승의 핵심은 무엇인가요? 어떻게 이해하면 좋을까요?"

질문에 대한 충분한 답변을 위해선 불교의 발달사와 사상사를 알아야 하고 많은 지면이 필요하지만 여기서는 요점만 말씀드리겠습니다. 보다 자세한 것을 이해하기 위해 관련 서적을 참고하는 노력을 당부 드립니다.

흔히 소승과 대승 불교를 말할 때 나타나는 문제는 너무 대립적인 측면을 강조하다 보니 획일적으로 이해하려는 경향이 있는 것입니다. 가령 소승은 자기만의 해탈, 대승은 중생의 구제가 목적이라고 말합니다. 소승은 출가 중심적, 대승은 재가 중심적이라고도 하지요. 소승은 아라한, 대승은 보살이 중요한 개념이고, 또 소승은 보수적이고 대승은 혁신적이라는 주장도 합니다. 이러한 이해는 학문적으로 소승과 대승을 구분하는 좋은 방법일 수는 있겠지만, 대승불교의 본질적인 이념을 이해하는 데 장애가 될 수도 있습니다.

먼저 대승불교가 일어난 배경을 잠시 알아보겠습니다. 정확한 시기는 이론의 여지가 있지만 석가모니 부처님께서 열반하신 후 출가 제자들의 중심인 승단僧團은 서서히 분열합니다. 당시의 수행자들은 부처님의 가르침을 이해하는 견해에 따라 같은 의견을 가진 수행자들끼리 집단을 형성하는데 이것을 전문적으로 부파部派라고 합니다. 우리가 소승이라고 말하는 불교의 모습입니다.

이 부파에서 주로 행했던 일은 부처님 가르침에 대한 이론적 연구입니다. 그래서 서로 간의 작은 견해의 차이도 많은 이론을 동원해서 자파의 주장이 옳다는 것을 입증하려고 했을 것입니다. 이러한 부처님 가르침에 대한 전문적인 해석과 이해는 일반 민중들의 불교 이해를 어렵게 만들었겠지요.

그러나 한편으로 부파의 연구는 불교를 체계화하는 데 크게 기여했습니다. 지금 우리가 배우고 있는 기본 교리는 거의 이 시기에 확립된 것입니다. 불교의 교리를 이해하는 데 큰 도움을 준 것입니다.

그리고 이 시기에도 저마다의 주장을 실증해 보이기 위해 수행에 힘썼습니다. 다양한 수행의 방법도 제시되었지요. 이것은 나중에 불교가 여러 지역에서 다양하게 발전하는 토대가 되기도 합니다.

하지만 교학의 전문적 연구와 이에 기초한 출가자들의 수행은 일반 대중들과는 점차로 멀어지게 되었습니다. 그러한 때에 교단의 한쪽에서는 부처님 본래의 가르침으로 돌아가고자 하는 '신앙회복운동' 이 일어나게 됩니다. 이들은 이전의 출가 수행자들의 연구 중심의 불교를 소승小乘이라고 비판하면서 스스로를 대승大乘이라고 지칭했습니다.

대승불교를 설명하는 여러 키워드가 있습니다. 저는 이 중에서 부처님 가르침의 다양성과 가능성을 자각自覺한 운동이 '대승의 사상' 이라고 말하고 싶습니다. 대승은 '큰 수레' 라는 명칭에 걸맞게 다양한 수행방법을 제시합니다.

출가자들의 수행은 그것대로 의미가 있고, 재가자들의 수행도 나름대로 의미가 있습니다. 그것은 참선이나 염불, 기도나 보시 같은 외형적 모습에 구애받지 않습니다.

만약 대승을 말하는 분들이 단순히 대승이 소승보다 뛰어난 가르침이라고 주장한다면 이것은 대승의 본질을 오해하는 것입니다. 대승을 자각했던 당시의 상황이 지금 이 자리에서 적용되는 것은 아닙니다. 대승의 이념은 시대에 맞게 얼마든지 변용되고 적용할 수 있어야 합니다. 오히려 지금 이 자리에서 내가 행할 수 있는 수행이 무엇인지, 그것을 얼마나 꾸준하게 정진할 수 있는지가 대승의 사상을 이해하는 중요한 시작입니다.

부처님께서 길고 긴 생사의 윤회 속에서 보살로서 수행했던 것처럼 우리들 역시 보살로서 끊임없이 수행할 것을 결심하고 그것을 실천으로 옮기는 것이 대승불교의 핵심이라고 할 수 있습니다.

무재칠시 無財七施
재물이 아닌 마음으로 하는 7가지 보시

1. 화안시 : 항상 얼굴에 화색을 띠는 보시
2. 언사시 : 말에 친절을 담는 보시
3. 심 시 : 따뜻한 마음으로 남들 대하는 보시
4. 안 시 : 웃는 눈빛으로 상대를 보는 보시
5. 지 시 : 물으면 친절히 잘 가르쳐 주는 보시
6. 상좌시 : 앉은 자리를 남에게 양보하는 보시
7. 방사시 : 가족이나 남에게 잠자리를 깨끗하게 해주는 보시

49. 다른 불교국가에서는 불화를 보기 어려운데요

"다른 불교국가를 다니다 보면 우리나라에서처럼 탱화나 괘불과 같은 불화를 보기가 어렵습니다. 불화는 우리나라 불교만의 특징인가요? 대표적인 불화인 탱화에 대해서도 말씀해 주십시오."

그렇습니다. 불자님의 질문처럼 현재 전 세계 불교권의 국가들 중에서 불화佛畵의 전통이 살아있는 나라는 별로 없습니다. 아직도 전통이 남아있는 대표적인 나라는 우리나라와 티베트 정도입니다.

티베트의 그림은 만다라曼茶羅라고 불립니다. 만다라는 깨달음의 체계를 상징적으로 표현한 기하학적 그림과 도형을 말하는데 티베트에서는 이 만다라를 예배의 대상이나 수행의 도구로써 중요하게 여깁니다. 만다라는 다음 기회에 말씀드리겠습니다.

　불화의 기원에 대해서는 부처님 당시의 유물이 없으므로 확실하게 알 수는 없지만 《비나야잡사毘奈耶雜事》에 《금강경》에서 등장하는 급고독장자인 수닷타가 부처님을 위해 기원정사를 세우고는 거기에 어떤 벽화를 그려야 하는지를 부처님께 묻는 장면이 나오는데, 이에 부처님께서 여러 신중들과 본생本生에 관한 내용을 그려 넣으라고 하신 말씀이 있습니다. 이미 부처님 당시에도 불화가 있었을 것으로 생각됩니다. 또 팔상도八相圖라고 해서 부처님의 일생을 여덟 개의 그림으로 표현한 그림이 빔비사라왕의 아들인 아자타삿투왕 시절에 있었다고 합니다.

　우리나라의 불화는 《삼국유사》에 신라의 원효스님 등 10분의 존상이 그려졌다고 전하지만 작품이 현재 남아 있지는 않습니다. 우리나라 불화는 특히 고려시대의 불화가 유명합니다.

　불화는 불교와 관련된 교리, 신앙, 경전상의 모든 내용을 압축하여 그림으로 표현한 것으로 몇 가지 특징이 있습니다. 첫째는 신앙의 대상을 인격화하여 그림으로 표현한 존상화가 많다는 점입니다. 부처님과 여러 보살님들, 듣는 사람의 불심佛心에 따라 나타나는 화현化現의 모습이 많습니다. 둘째로 불화는 원근법遠近法을 쓰지 않습니다. 이것은 불화의 세계가 시공時空을 초월한 세계임을 나타내고 있습니다. 셋째는 주로 청·황·적·백·흑의 오색을 이용해서 그립니다. 어떻게 색을 조화시키느냐에 따라 상징성을 잘 표현할 수 있다고 합니다. 넷째는 자연주의적이고 사실적인 표현을 씁니다. 불화는 감상의 대상으로서가 아닌 신앙생활과 밀접하게 관계되는 실용화로서의 기능을 합니다.

말씀드렸듯이 불화는 경전의 내용을 압축하여 그림이야기 형태로 만든 것으로 불교 경전이 다양한 만큼 불화 역시 다양한 형태로 나타납니다. 그 중 벽에 거는 그림을 총칭해서 탱화幀畵라 하는데, 탱화의 '탱' 은 틀에 그림을 붙이는 것, 걸개, 서화를 세는 단위를 가리킵니다.

탱화는 대개 후불탱화로 나타나는데 위치에 따라 상단탱화, 중단탱화, 영단탱화 등이 있습니다. 상단탱화의 그림은 불보살님, 중단은 불법의 수호신들인 신중들을 그리고, 영단은 정토신앙을 근거로 우란분재의 내용인 감로탱화를 둡니다.

불교미술과 문화는 불교 그 자체로 봐야 합니다. 예술의 측면에서 고려되는 건 아닙니다. 불심의 표현으로 봐야겠지요. 불교의 아름다움이란 불심의 이해와 체험에서 다가오기 때문에 감상의 대상이 아니라 예배의 대상입니다. 신심을 불러일으킬 만한 감동이 있어야 한다고 생각합니다.

불화도 마찬가지로 예배의 대상이나 중생들을 교화할 목적으로 그려졌기 때문에 보는 사람들에게 감동과 감화를 불러일으켜야 합니다. 그래서 예술적인 아름다움은 물론이고 종교적인 성스러움과 고통을 벗어나서 진정한 기쁨을 증득하는 내용의 교화적 가치가 담겨져 있어야 합니다.

입체적으로 조각된 불상이나 보살상에 비해 평면적으로 그려진 그림이란 점이 다를 뿐 탱화나 불화를 모시는 것도 본질적으로 불상을 모시는 것과 똑같다고 할 수 있겠습니다.

50. 불자로서 한 해를 어떻게 시작해야 할까요

"불자로서 한 해를 시작하는 마음의 자세에 대해 말씀해 주시고, 어떤 계획을 세워야 바른지에 대해서도 설명해 주셨으면 합니다."

한 해를 시작하는 시간입니다. 새로운 시작은 언제나 기대에 부풀게 합니다. 아무도 가지 않은 하얀 눈 위를 걷는 설렘도 있습니다. 또한 어떤 어려움이 기다리고 있을지도 모른다는 두려움도 있습니다. 그래서 새로운 시작은 용기가 필요합니다.

한 해를 시작하는 지금 여러분은 어떤 계획을 가지고 있습니까? 혹시 작심삼일作心三日이라고 아예 계획도 없고, 시작도 안 하시는 것은 아니겠지요? 이왕이면 용기를 가지고 올 한 해를 살아보시지요. 저는 '부처님 가르침을 일상의 삶 속에서 실현해 나가는 한 해'가 되도록 마음을 내시라고 부탁드리고 싶습니다.

《법화경》에 종불구생從佛求生이란 말씀이 있습니다. 불자佛子란 부처님에 의해 새로운 삶을 부여받은 사람입니다. 부처님과의 만남은 우리 인생에서 최고의 인연이자 최고의 만남입니다.《열반경》에서 부처님께 마지막 공양을 올렸던 대장장이 춘다는 부처님과의 만남을 "우담바라꽃을 얻음과 같고 눈먼 거북이가 바다를 떠다니는 나무토막의 구멍으로 머리를 내민 것과 같은 기쁨이 있다"고 찬탄했습니다. 왜 그럴까요? 부처님의 가르침은 우리의 인생을 근본적으로 변화시키는 힘을 가지고 있기 때문입니다. 그것도 크나큰 이익과 행복으로 우리를 변화시킵니다.

새해의 좋은 계획을 세우는 방법으로 우리는 출발을 잘 해야 합니다. 출발을 잘 해야 하는 이유는 처음엔 별 차이가 없는 것 같아도 한참을 가고 나면 큰 차이로 벌어지기 때문입니다. 선종의 삼조三祖 승찬僧璨 스님은《신심명》에서 "터럭 같은 처음의 차이가 결국 천지天地의 차이로 벌어지는 것과 같다"고 하셨습니다. 한 해를 바르게 시작해야 하는 이유가 여기 있습니다. 어떻게 시작해야 할까요?

우선 발심發心입니다. 어른들 말씀에 사람은 뜻을 세워야 하고 수행자는 원력願力을 세워야 한다고 했습니다. 무엇인가를 하고자 할 때는 먼저 마음을 먹어야 합니다. 마음먹기에 따라 하고자 하는 일의 내용과 질이 달라집니다. 그것이 세상의 이치입니다. 발심은 첫 출발의 힘찬 시동을 거는 일입니다.

사람마다 발심의 내용은 차이가 있겠지만 저 같은 경우는 올해 '무조건 사랑' 하고자 마음먹었습니다. 며칠 전 인터넷에서 자식을 구하기 위해 세찬 불길 속에서 20여 분이나 버텨냈던 한 아버지에 관한 기사를 읽었습니다. 부모의 '무조건적 사랑' 없이는 불가능한 일이었을 겁니다. 기자는 기적이라는 표현을 쓰고 있더군요. 제 생각도 그렇습니다. 사랑은 기적입니다. 할 수 없는 걸 해내니까요. 뜬금없이 스님이 웬 사랑타령이냐고 타박하셔도 할 수 없습니다만 어쨌든 한 해를 그 아버지처럼 내 주변의 인연들을 무조건 사랑해 보자고 마음먹었습니다. 그래서 작은 기적들이 주변에서 끊이지 않는다면 더할 나위 없이 좋은 한 해가 될 것 같습니다.

인도의 샨티데바 스님의 《입보리행론入菩提行論》에 이런 구절이 있더군요.

수천의 생을 반복한다 해도
사랑하는 사람과 다시 만날 수 있는 가능성은 아주 드물다.
그러니 지금 후회 없이 사랑하라.
사랑할 시간이 그리 많지 않다.

여러분들은 무엇을 발심하시렵니까? 작은 것이라도 나의 행복과 주변 인연들을 위해 마음을 내보십시오. 발심하면 하지 못할 일이 없습니다. 우리들 마음속에 있는 무한한 가능성의 에너지가 개발될 것입니다.

발심하고 난 다음에는 마음먹은 것을 실현하기 위한 정진精進이 필요합니다. 우리가 마음먹고 원하는 것을 성취하기 위해서는 당연히 꾸준하게 노력해야 합니다. 세상의 모든 위대한 가치는 노력 없이 이루어지지 않습니다. 부처님도 깨달음을 얻기 위해 6년간의 피나는 수행을 하셨습니다. 운동선수가 대회에 나가 우승하기 위해서 합숙훈련도 하고 어려운 지옥훈련도 마다하지 않습니다. 운동도 그러하거늘 인생의 행복을 위해 그만한 노력도 안 해서야 되겠습니까? 좀 더 행복해지고 싶습니까? 정진하셔야 합니다.

발심하고 정진하는 것은 목표를 확실히 세우며 우리를 앞으로 나아가게 하는 힘이 됩니다. 수시로 뜻을 세우고 노력하는 것은 불자가 해야 할 일이기도 하지요. 또 많은 것을 성취하게 하는 기쁨도 있습니다. 부처님의 가르침과 함께하는 한 해가 되도록 노력합시다.

지혜로운 삶을 위한 올바른 신행생활 50

남전스님은 동국대학교와 대학원에서 공부하고 군승과 봉은사, 경국사, 길상사 등에서 소임을 보며 정진하다가 현재 2교구본사 용주사 포교국장과 서울 창동 정혜사에서 포교에 힘쓰고 있다.

남전 스님의 불교 신행 상담

2007년 6월 15일 초판 1쇄 인쇄
2007년 6월 25일 초판 1쇄 발행
2007년 10월 15일 초판 2쇄 발행

지은이 남전스님
펴낸이 윤재승
펴낸곳 도서출판 민족사

판화 통칙스님
책임편집 김창현
영업관리 성재영 윤선미
본문편집 나라연기획

등록 1980년 5월 9일(등록 제1-149호)
주소 서울 종로구 수송동 58번지
　　　두산위브파빌리온 1131호
전화 02-732-2403~4
팩스 02-739-7565
E-mail minjoksa@chol.com
홈페이지 minjoksa.org

ⓒ2007 남전스님

ISBN 978-89-7009-413-7　03220

* 지은이와 협의하에 인지는 생략합니다.
* 잘못된 책은 바꾸어 드립니다.
* 책값은 뒤표지에 있습니다.